海外陶瓷研究名家译丛

清代陶瓷器物

The Later Ceramic Wares of China

［英］R.L.霍布森 著

卢军羽 张思洁 廖桂萍 译

江西高校出版社
JIANGXI UNIVERSITIES AND COLLEGES PRESS

图书在版编目（CIP）数据

清代陶瓷器物/（英）R. L. 霍布森著;卢军羽,张思洁,
廖桂萍译. --南昌:江西高校出版社,2024.2（2025.1重印）
（海外陶瓷研究名家译丛）
书名原文:The Later Ceramic Wares of China
ISBN 978 - 7 - 5762 - 4779 - 4

Ⅰ. ①清… Ⅱ. ①R… ②卢… ③张… ④廖… Ⅲ.
①瓷器(考古)—研究—中国—清代 Ⅳ. ①K876.34

中国国家版本馆 CIP 数据核字(2024)第 018130 号

清代陶瓷器物

QINGDAI TAOCI QIWU

出 版 发 行	江西高校出版社
社　　　址	江西省南昌市洪都北大道 96 号
总编室电话	(0791)88504319
销 售 电 话	(0791)88522516
网　　　址	www. juacp. com
印　　　刷	固安兰星球彩色印刷有限公司
经　　　销	全国新华书店
开　　　本	787mm×1092mm　1/16
印　　　张	10
字　　　数	196 千字
版　　　次	2024 年 2 月第 1 版 2025 年 1 月第 2 次印刷
书　　　号	ISBN 978 - 7 - 5762 - 4779 - 4
定　　　价	88.00 元

赣版权登字 -07 -2024 -120

图 1

一对青铜器形花觚中的一只，素胎彩绘，乾隆时期瓷器，高 8.5 英寸

亨利·赫希先生藏

前言

　　《清代陶瓷器物》讲述了清朝时期的中国陶瓷故事，是《明代陶瓷器物》这本书的延续。

　　对于西方瓷器收藏者来说，清代三位主要皇帝——康熙、雍正和乾隆的名字耳熟能详。本书主要描写这三位皇帝当政时期产自中国瓷都景德镇的瓷器。尽管有的章节也描写了其他产瓷中心的陶器、炻器和瓷器，且有一些图片展示，但占比很小。从器物收藏者的角度而言，这样的内容安排是非常合适的，毫不夸张地说，在欧洲清代藏品中，有90%都产自景德镇。

　　本书所提供的有关清代瓷器的信息，对于收藏者来说是必不可少的，但这些信息已为大家所熟知，没有多少是来自原创性研究，我们只能致力于补充有关清代陶瓷的信息，并对以往的阐述做必要的修正。然而，在对清代陶瓷器物的实物例证方面还有很大的发挥空间，因此，我们尽可能对所有清代陶瓷的主要类型提供实物例证，这些例证更多地来自公众很难见到的私人优质藏品，而不是公众所熟知的公共藏品。这一计划得以实施有赖众多器物收藏者的真诚合作，他们的名字见图版目录①。在此，我对这些收藏者的宝贵帮助表达最诚挚的谢意，特别是感谢伦纳德·高先生的慷慨帮助，本书大量彩色图版来自他的精选藏品。

R. L. 霍布森

1924 年 11 月

---

　　① 见本书附录2"图目录"。——译者注

目录

CONTENTS

附录

译后记

引　言

与宋朝、明朝及以前的陶瓷器物不同,清朝统治下烧制的陶瓷对西方人来说早就很熟悉了。在十八九世纪,中国陶瓷在欧洲家喻户晓,欧洲人几乎拥有所有种类的中国陶瓷。明朝时期,中国和西方之间的贸易一直很活跃。我们的祖先自查理一世开始就能直接从中国制造商手中获得陶瓷产品,所以现在不乏供收藏家和收藏爱好者把玩的器物,也不缺用于史料研究的陶瓷物品。

景德镇是一个巨大的制瓷中心,当地制作了大量的瓷器。虽然我们并不像了解特伦特河畔斯托克那样了解景德镇,但我们至少有 3 份由欧洲人所写的关于它的第一手资料。其中最重要的一份是由耶稣会传教士殷弘绪(Père d'Entrecolles)所写,康熙盛世后期,殷弘绪在景德镇与当地陶工一起工作、生活了很多年。另外两份资料分别为法国领事舍尔策(M. Scherzer①)和英国领事克伦内尔(W. J. Clennell)所著,他们分别于 1881 年和 1905 年访问景德镇。② 尽管这些资料成书时间间隔很长,所处时期、物质条件也有所不同,但其中展现的中国工业不断发展的情景给我们留下了深刻的印象。实际上,舍尔策的科学观察是对殷弘绪关于景德镇制瓷描述的有益补充,殷弘绪的描述虽然详尽,但准确性较低。

我们还可以利用中国本土重要的信息资源。《陶说》和《陶录》分别于乾隆时期和嘉庆时期成书,对中国陶瓷史有全面又简短的记载。唐英是官窑督陶官中最杰出的一位,不止一次基于第一手资料向我们介绍由他督造的瓷器的制作过程。尽管这些有关中国陶瓷史的记述非常简短又行文古板,且很少谈论除官窑以外的其他窑口的陶瓷,但是只要合理利用和参照各类信息,我们就能够构建这一时期相对完整的中国陶瓷史。以前学者们出色的工作也让完成这一有趣的任务变得更加容易。其中最需要感谢的是儒莲(Stanislas Julien)和卜士礼(S. W. Bushell)。儒莲翻译了《陶录》的大部分内容,而卜士礼不仅翻译了《陶说》和其他中国陶瓷文献,还根据自己在中国的亲身经历进一步将中国国内所有的关于陶瓷的记述加以整理,写成《东方陶艺》一书。其他开拓这一工作的学者,如雅克马(Jacquemart)、弗兰克斯(Franks)、格兰迪迪耶(Grandidier)等人的名字和著作见

---

① 见 1900 年法国工业界的权威期刊《国家工业促进协会公报》中《中国瓷器研究》一文,其中记述了法国领事舍尔策有关景德镇的报告。——原注

② 此处信息可能有误,M. Scherzer 应为 Georges Francisque Fernand Scherzer(1849—1886),曾任法国驻汉口(1882 年)和广州领事(1886 年),他于 1882 年 11 月至 12 月间访问景德镇。——译者注

本书的参考文献。

　　毫无疑问,现有的关于中国陶瓷的记述极具价值,不可或缺,但如果我们不用我们的藏品去充实它,这些文献的价值将大打折扣。尽管中国有大量的古陶瓷,但藏于中国博物馆的却很少,多为私人收藏,而私人藏品我们通常很难甚至不大可能接触到。中国的一位陶瓷爱好者曾不无遗憾地表示,他不得不前往欧洲去研究中国的陶瓷。除了在巴黎、柏林、阿姆斯特丹、伦敦的大型博物馆可以看到很多中国陶瓷外,人们还可在德国德累斯顿的约翰尼姆(Johanneum at Dresden)看到一些 18 世纪晚期至 19 世纪早期的具有历史价值的优秀藏品。在这方面,英国人最幸运,他们不需要去其他地方就能看到最上等的中国瓷器。维多利亚与阿尔伯特博物馆以及大英博物馆就囊括了所有类型的中国陶瓷,而且在伦敦,甚至整个英国都拥有丰富的私人收藏。其次比较幸运的是美国人,他们甚至在某些方面比欧洲人更加幸运。比如,纽约的博物馆内不仅拥有大量各式各样的清朝瓷器,而且所收藏的单色釉瓷品质明显优于欧洲的藏品。

　　博物馆收藏了大量藏品自然使市场上流通的藏品越来越少,但我们很幸运拥有索亭(Salting)和弗兰克斯(Franks)等人的私人藏品,这让我们能够看到一些最好、最具代表性的陶瓷藏品。尽管景德镇在清朝时期出口了大量陶瓷,但流传至今的高质量的中国陶瓷数量十分稀少,很难遇见。

　　中国陶瓷有着令人难以置信的魅力,收藏家一旦被一件陶瓷迷住了,就会放弃对手头上其他陶瓷的喜爱,而陶瓷易碎,随着时间的推移存世量越来越少,于是人们竞相获取仅存的中国陶瓷器物。相较于中国瓷器,欧洲瓷器又算得了什么呢? 欧洲人制作陶瓷的基本方法来自东方,欧洲瓷器重复着东方过去的工艺,如今仅是小学生的水平而已。18世纪上半叶,当欧洲人还在黑暗中摸索制瓷工艺时,清朝的制瓷技艺已经达到了顶峰,已经有了几百年制瓷历史的积淀。中国陶工的技艺早已为人所知:那便是一切全凭直觉。中国陶工能够在陶轮上自如地拉出心仪的器型,娴熟地选用装饰方法,且在色彩运用方面很有天赋,色料搭配大胆自信,浑然天成。天赋和长期的训练让他们无人能敌,并且他们似乎比欧洲的陶工享有更多物质上的优势。欧洲釉下蓝彩瓷怎么能与康熙青花瓷相媲美? 哪儿能找得到能媲美五彩瓷的珐琅瓷呢? 哪儿又能找到同中国单色釉一样莹润浑厚的色釉呢? 欧洲工厂建立时间尚短,未能赶上中国,这并不耻辱。他们也同样生产了一些有价值的瓷器,比如麦森(Meissen)人物瓷和塞弗勒(Sèvres)素瓷。只是说这些瓷器并没有康熙时期的青花梅罐、精致的粉青、牛血红单色釉(sang de boeuf①)和墨地彩那么出色。他们是在同一个拥有几千年制瓷历史且极具天赋的民族竞争,而正当科学可以给他们带来技术上平等时,工业主义的到来却摧毁了他们艺术的灵魂。其结果是,中国

---

　　① sang de boeuf 为法语,直译为"牛血红",即中国陶瓷中的"郎窑红"。——译者注

瓷器的地位是不可挑战的,它只能自我超越。

我们可以讨论不同朝代陶瓷的优点,而这也确实是一个争论激烈的话题。每个朝代的瓷器都有它自己的优点,有人喜欢宋朝瓷器的简洁及其单色釉的恬淡,有人喜欢明代三彩瓷的厚重和颜色釉瓷的清新,但他们最终都会臣服于清朝早期陶工精湛的技艺和瓷器用色的大胆。此处我们仅对清朝时期的陶瓷进行比较,阐述该时期几个阶段陶瓷的优点。

欧洲人偏好康熙瓷器。康熙瓷器是欧洲首批大量进口的中国陶瓷,其声望地位是不可动摇的。在所有的出口陶瓷中,康熙瓷器无疑是最好的。德累斯顿收藏馆中收藏的大量瓷器也充分说明了康熙时期出口的青花和五彩质量相对较高。一直以来,我们国家都比较钟情于青花和五彩。

随着时代变迁,粉彩逐渐成熟,陶瓷的出口贸易主要集中在广东。广东拥有大量的陶工,他们对售往西方的白瓷进行装饰,使得这些陶瓷能够满足大部分欧洲人的需求。起初,茶商在货物中夹带一些诸如官瓷等特殊类型的瓷器,到18世纪末,瓷器出口就非常普遍了。直到19世纪下半叶,欧洲再次有机会真正见识了中国最优质的瓷器。这次他们通过大肆洗劫中国的宫殿,找到了制瓷鼎盛时期最精致且真正体现中国人真实审美品位的陶瓷。收藏家们很快就意识到这些宝物的优点,于是一些欧洲买家前往中国收购古陶瓷。在当时,欧洲人的喜好没有什么变化,对青花瓷和五彩瓷的市场需求仍然特别大。我们发现,一些在中国一直备受推崇的瓷器直到这时才在欧洲流行,比如小件单色釉瓷、"滑石"青花瓷、精致的雍正和乾隆粉彩、"古月"①风格的瓷器以及19世纪的宫廷器物。这些瓷器都因康熙五彩和青花的大胆用色和广泛的影响力而订单纷呈。

乾隆和雍正时期的宫廷用瓷十分精致,上面饰有精美的花卉图案,风格自然。这种瓷器有一个显著特点,那便是装饰图案非常对称,且表面装饰图案较满。与之相比,当时广东的红边盘(ruby-back dishes)更显繁复。古月瓷器上的绘画图案宛若一幅精致的水彩画,上面的人物姿态及组合、花石互映都颇有欧洲风格。一些表面施有单色釉或使用"滑石"青花装饰的小物件(绝大多数是置于桌台的小饰品),色彩及质地都非常完美。

到了19世纪,欧洲收藏家再次将注意力集中到康熙、雍正、乾隆三个时期的瓷器上。中国人并没有不重视19世纪的陶瓷,这些陶瓷依然精致,继承了雍正、乾隆时期的传统。我们确实低估了19世纪中国陶工的能力。而现实是,19世纪的中国瓷器,尤其是贸易瓷器,出现了明显的颓势。舍尔策在1882年访问景德镇后,提出了一个重要的说法:一些当时供皇室使用的瓷碗除年号款识外,与康熙时期的瓷碗并没有什么区别。商人和收藏家们擅长辨别一些非常逼真的仿康熙花瓶。这些仿品通常是因为绘画线条的僵硬或器

① 指古月轩,清景德镇瓷器堂名款,多见于道光粉彩制品。——译者注

型上的一点欠缺暴露了身份,而不是存在质量上的不足——这些往往很容易被陶瓷爱好者忽视。

需要补充是,随着仿制品问题的出现,收藏家需要提防西方国家制造的仿制品。欧洲赫伦(Herend)和塞弗勒(Sèvres)两大著名瓷器品牌的瓷器已经证明,如果欧洲人用心的话,他们能将中国陶瓷仿制得格外逼真。一些粗心的业余陶瓷收藏爱好者的藏品橱窗里就展示了巴黎仿制的五彩瓷器和广式红边瓷器。我们必须要承认,具有专业眼光的人是不会被西方的这些仿制品给欺骗的,因为不管他们仿制得有多逼真,这些瓷器在绘画、色调和基础材料上与真品都会有所差异。1942年春天,伯灵顿美术俱乐部将赝品和真品放在一起并排展出时,人们很容易就能分辨真伪。只有当将赝品和真品分开,且在冷光下时,它们才可能欺骗一个具有收藏经验的人。各类器型的仿制品将在本书不同部分进行讨论,我们不在此作一般性介绍。

第一章　历史背景

　　在清朝早期很少听到关于御窑的消息,但御窑确实存在,顺治皇帝分别于1654年和1659年下令在景德镇官窑烧造大"龙缸"[①]和嵌在皇宫栏杆上的栏板[②]。这两个任务当时给陶工带来了很大的麻烦,所以让人印象深刻。陶工拼命努力用时4年也未能成功烧制出龙缸,于是皇帝最终收回这两个命令。

　　17世纪80年代左右,景德镇制瓷地位受到了严重的威胁。当时的皇帝康熙,因为对艺术非常感兴趣,也特别喜欢汉文化,所以为了促进各种艺术的发展,他下令在北京皇宫周围建立27所工坊或学府,用于制作金属、玻璃、珐琅、玉器和漆器等,并计划在北京建一座官窑。虽然做了充足的准备,征用了景德镇的陶工、材料和装备,但这一计划仍落空。有人认为该计划失败是因为既得利益冲突和一些政治因素,但不管出于什么原因,康熙不但放弃了这一计划,还全力支持景德镇制瓷工业的发展。

　　皇帝重建御窑厂,并从皇宫指派一位官员常驻景德镇进行监管,自此之后,陶瓷业开始进入了一段辉煌的时期。据《陶说》[③]记载:"向有上工夫派饶州属邑者,悉罢之,每开窑,鸠工庀材,动支内府,按时给直,与市贾适均,运器亦不预地方,一切不妨吏政事,官民称便,所造益精。"[④]

　　此外,朱琰在该书的序言中写道:"我国家则慎简朝官,给缗与市肆等,且加厚焉。民乐趋之,仰给于窑者,日数千人,窑户率以此致富。以故不靳工,不惜费,所烧造每变而日上,较前代所艳称与金玉同珍者,有其过之,无不及也。不有所记载,后世其何述焉。"[⑤]

　　虽然中国的学者大都只谈论官窑,但我们认为景德镇民窑也发展得不错。景德镇自明代初期就是中国的瓷都,中国因其精美的瓷器而举世闻名,而这些精美的瓷器至少有80%来自景德镇这一制瓷中心。本书除少数几章外,都会对景德镇瓷器进行专门讨论。景德镇是一个位于江西东北部、昌江南岸的城镇。昌江汇入鄱阳湖,而鄱阳湖与长江相连,所以景德镇瓷器可以通过水路运输进入商业网,或者由赣江(也汇入鄱阳湖)向南进入北江,最终到达广州。景德镇瓷器也可以由劳工从陆路运输到安徽等地。

---

① 龙缸尺寸为高2.5英尺,直径3.5英尺,壁厚3英寸,底厚5英寸。——原注
② 栏板尺寸为长3英尺,宽2.5英尺,厚3英寸。——原注
③ 引自卜士礼翻译的《陶说》(*Description of Chinese Pottery and Porcelain*, *being a translation of the T'ao Shuo*)第3页。——原注
④ 此处引自朱琰《陶说》(商务印书馆,1936年),第1页。——译者注
⑤ 此处引自朱琰《陶说》(商务印书馆,1936年),原序第1页。——译者注

我们有幸得到了一幅殷弘绪于1712年（也就是康熙鼎盛时期）所绘制的关于该地的详图①。他描绘了一个无城墙、土地宽广的城镇，港口有两三排首尾相接的小船，各处烟火袅袅，到了夜晚，好像是一座火城。该地人口众多，估计有百万之巨，都直接或间接从事与3000座瓷窑及陶瓷产品相关的工作。这里人人都有工作，无论是瘸子还是瞎子都能靠研磨颜料谋生。商店内货物充足，街上熙熙攘攘。景德镇的富裕令所有小偷心生向往，但官吏会维护好秩序，很好地保护整个地方的安全。

在我们经常提到的殷弘绪信件中，对陶瓷制作过程进行了非常有趣的描述，这些制作过程一部分是殷弘绪从基督教徒那里学到的，一部分是他自己在景德镇亲眼看到的。显然，他写信是有目的的，为的是把他所了解到的有关陶瓷制作的知识传授给他在法国的朋友们，他们正努力弄清中国制瓷技术的奥秘。我们还有另一份更好的一手权威资料可做参考——乾隆时期的官窑督陶官唐英所作的《陶冶图说》。

事实上，清朝所用的制造工艺在原则上和本系列第二卷②所述的明代制作工艺没有区别。但若按照唐英书中的描述顺序再简单陈述一遍，对读者也许更方便。

制瓷的两种基本材料是高岭土和瓷石。前者在景德镇、饶州附近发现，后者是从景德镇70英里外的安徽祁门运过来的。瓷石从山中开采，捣成粉末，制成形状如砖的不③子，也称"白不子"。殷弘绪在信中写道："载有白不子的小船顺流而下前往景德镇。"

高岭土和瓷石在工厂经过淘洗、沉淀，制成面团状后交给陶工。釉料中混有瓷石、凤尾草灰和生石灰，瓷石的含量越高，釉的质量越好。

制作瓷器时，模具通常用来塑形，而圆器则需要在陶车上拉坯成型。如果器物需施以蓝釉，成型晾干后便可在生胎上上色。青料（含钴锰矿石）来自浙江绍兴和金华两地的山中，使用前需要烘烤、捣碎、提炼，再与水混合，使用毛笔进行绘画。下一道工序是施釉，要么将器皿浸在盛有釉料的缸里片刻，要么用竹筒喷釉。以前用大刷子刷釉的方法现在很少使用了。圆器成型的最后一道工序是挖圈足、写款和上釉。

器物成型、装饰、上釉后，接下来就是烧制。为了防止器物烧坏，陶工会将器物放置在耐火材料制成的匣钵中。这些匣钵小心地堆叠在窑内，堆叠的宽度、高度约10英尺，长度超过10英尺。窑内添入木材，点燃后连续烧制三天三夜。第四天，待窑内温度相对较低时开窑，陶工查看烧制成功与否。殷弘绪写道，在那个时候，很多次烧制都失败了，导致很多的陶工破产，而这行业某种程度上就是一种赌博。因此，为了寻求心理上的安

---

① 另外一幅景德镇的图是英国领事克伦内尔（W. J. Clennell）先生在1905年所著的《江西内地之旅》（由皇家文书局印刷）中所提供的。有趣的是，除了瓷窑数大幅减少外，这幅图所描述的景德镇状况与两百年前殷弘绪所描述的差别不大。——原注

② 指《明代陶瓷器物》，见前言中所述。——译者注

③ 音同"盹"，瓷用泥料采集舂细淘净后，制成砖状的泥块，景德镇称为"不子"或"白不子"。——译者注

慰,确保烧制成功,陶工会祭拜"风火神"。烧制完成出窑后,如果青花瓷烧制成功,器物表面的装饰精妙绝伦,就可以上市销售了。在瓷器表面施釉对于颜料显色非常重要,如果没有上釉,蓝色颜料会烧成黑色。

有些陶瓷一定要使用颜料装饰,如五彩和粉彩。器物上釉后,还可以使用毛笔在器物表面用各色颜料进行装饰。为了使颜料牢牢附着在釉面上,器物非常有必要在温度较低的小型窑炉"马弗窑"内进行二次烧制。如果使用金来装饰瓷器,则需在更低的温度下再次进行烧制。最后一步是对陶瓷进行分级和打包运输。次品会留在当地出售。

需指出的是,上述简短概述有很多情况没有提及,例如生产不同品质的瓷器需要各种各样的胎体和釉料,生产彩瓷要在素坯上彩绘,使用刻花、镂空、浮雕等装饰技法,将柄用泥浆拼接在器物上,通过泥浆将印模成型器物和多边形器物各部位拼接起来等等。这些方面在描述器物类型时经常会提到。

本章也没有重复论述唐英在其珍贵的笔记中所述的所有细节。因为这些都在《陶说》中有完整的阐述,并附有作者评注,读者可以通过卜士礼的译本来了解这些知识。同时,本章阐述有助于不熟悉陶瓷工艺的读者在阅读此类书籍时理解其中常见的制瓷技术。

第二章　清代早期器物和康熙青花瓷

　　关于清朝初期瓷器的信息，我们知之甚少。虽然御窑一直在烧制瓷器，但我们只对未成功烧制出大型龙缸和栏板的信息记忆犹新。烧制不出这样尺寸的栏板（长3英尺，宽2.5英尺）并不奇怪。正如殷弘绪1712年所说，当时可以制作的最大栏板尺寸是1平方英尺。顺治时期的瓷器在《明代陶瓷器物》最后一章被描述为"过渡瓷器"。有两个器物可以支持这一观点：一件是林德利·斯科特（Lindley Scott）收藏的一件晚明风格的三彩人物瓷，这是我们遇见的唯一一件表明烧制年代的器物；另一件是大英博物馆收藏的一个明代风格的青花狮子牡丹纹碗，该碗为灰蓝色调，并留有"大清年制"四个字款识。

　　大英博物馆藏有一组有趣的青花瓷，毫无疑问当中有一些是顺治时期以及康熙早期的青花瓷。这一组青花瓷是从荷兰沉船中打捞起来的，其中就包括1648年在桌湾（Table Bay）失事的哈勒姆号船（Haarlem）。可惜，没有证据表明哪些器物是来自哈勒姆本地（如果有的话），但这组青花瓷仍然值得收藏者关注。除了两件为福建白瓷①，其余为青花瓷。这组青花瓷②包括一些小型盘子、碟子、杯子和茶托（器型小，薄如蛋壳），以及一些青花罐和小型青花瓶。当中大部分的青花瓷胎薄易碎，饰有浅浮雕叶状开光，装饰图案包括花卉、鹿、鸟等，以及人物主题图案，如战士与女士策马、女士儿童人物以及仕女立于花瓶旁的图案（荷兰人称"修长的伊莉莎"）。每一位收藏家都知道"修长的伊莉莎"以及追爱碟，上面绘有男人女人在马背上猎兔的图案。追爱碟与桌湾瓷器属于同一类型。这类瓷器与大部分明代晚期用于出口的模印瓷器非常相似，但收藏家很快能注意到两者在色调和抛光上的差异，而且追爱碟大多刻有"成化"年号。

　　虽然追爱碟和一些桌湾瓷器通常使用浅银蓝色颜料装饰，但有些瓷器也会使用康熙风格的宝石蓝和深靛蓝颜料。桌湾打捞上来的瓷器，上面的款识除了仿造明成化、清康熙纪年款识外，还包括一些赞颂款识，如"玉"，以及堂名款识③。

　　通过对比制瓷原料，我们可以将大量的青花瓷与这一组青花瓷归为一类，也能识别出其中的外销五彩瓷。后者包括一些盘、杯、碟，同样胎薄易碎，上面使用鲜明的颜料绘有一排排花瓣状开光。这些图案通常出现于早期的五彩瓷中，而非出现在康熙年间的其他精美瓷器中，因为在1680年恢复生产之前，不可能烧制出这样的器物。

---

　　①　在海湾XXVIII水上平台橱窗（in the Pier-case in Bay XXVIII）。——原注
　　②　在海湾XXX桌橱窗（in the Table-case in Bay XXX）。——原注
　　③　见本书第134—135页。——原注

1680 年后，一个新时代开始了。皇帝已经放弃把官窑转移到北京的想法，任命了臧应选管理官窑。臧应选是三大督陶官之一，其他两位分别是年希尧和唐英，他们三人出色的管理使 1680 年到 1750 年这 70 年成为中国陶瓷史上最辉煌的时期之一。唐英在谈到前人臧应选时说："臧公管理御窑时，窑内瓷器得以天佑，故所成瓷器皆是完美。"令人遗憾的是，唐英未提及臧公管理官窑的更多细节。如果能够知道他所擅长烧造的瓷器类型或是他有哪些在烧制瓷器方面值得称赞的创新就更好了。关于这一点，《陶录》中有更加清晰的阐述："土埴腻，质莹薄，诸色兼备，有蛇皮绿、鳝鱼黄、吉翠、黄斑点四种尤佳。其浇黄、浇紫、浇绿、吹红、吹青者亦美。"①本书后文会对这些颜料进行叙述，但若要对康熙时期瓷器主要类型进行排序，第一的位置定属康熙青花②。

从明代开始，釉下蓝料被认为是最适合用来绘画装饰的颜料。明朝御器厂生产的瓷器大部分是青花瓷。当今的收藏家发现这类瓷器装饰图案新颖，色调深浅不一，非常吸睛。明代的蓝由浅到深依次呈现为银白蓝、紫蓝和灰蓝。显色很大程度上取决于基础钴的含量以及提炼钴的困难程度。在本系列的上一本书③中已经详细描述了明代青花的特点，在此仅作简单回顾，以便和康熙青花做比较。

康熙末期，当康熙粉彩受到高度青睐时，青花仍很受欢迎，且当时中国国内市场对康熙青花的需求很大，所以无法满足欧洲商人的对青花瓷需求。殷弘绪认为当时商人也购买了一些其他类型的瓷器。欧洲大部分进口的青花瓷仍保留至今，我们也必须承认，青花瓷的流行是必然的。青花瓷一直以来都价值不菲。1690 年，布里斯托尔伯爵④（Bristol）从犹太商人（Medina ye Jew）和荷兰商人（Collemar ye Dutchman）手中购买茶壶、大缸、瓷瓿、老瓷瓶、盘子等瓷器时，付了很大一笔钱。但这笔钱与当今业余收藏爱好者愿意对优质青花瓷所出的价格相比并不算什么，而且即使是稍次的青花瓷也有被市场认可的优点。康熙青花瓷最大的一个优点就是具有装饰价值，这一点是很多瓷器所没有的，而且即使是最普通的康熙青花瓷都有款识标识。

中国青花一直以来让欧洲陶工望尘莫及。尽管他们倾尽全力，但从未成功地运用康熙瓷器的分水法控制颜色釉的流动，再现青花的光泽和宝石蓝色调。而在这方面，日本则更加成功，尤其是在模仿明代陶瓷器型方面，但即使如此，日本也没有烧制出能与康熙青花媲美的瓷器。中国制瓷技术和其他国家制瓷技术的一个显著区别是：中国人运用蓝料在生坯上进行装饰，一次性完成上釉、着色、烧制等步骤。但这似乎不足以解释康熙青

---

① 此处引自傅振伦著，孙彦整理《〈景德镇陶录〉详注》（北京书目文献出版社，1993 年），第 68 页。——译者注

② 在售卖橱窗中仍旧用"老南京"来标识康熙青花瓷，这无疑是因为瓷器经长江运到南京装船。据我所知，南京从未生产过青花瓷。——原注

③ 指《明代陶瓷器物》，见前言中所述。——译者注

④ 见约翰·赫维（John Hervey）的日记，指布里斯托尔伯爵一世。——原注

花全部的秘诀。一位陶工曾暗示，在釉料中加入锡是青花富有光泽的秘诀。只有制瓷专家才能判断这种解释的可行性，我们期待权威人士对这个有趣但纯技术性的问题发表意见。与此同时，我们可以肯定地说，与中国其他的青花瓷相比，康熙青花的独特之处在于其工艺精湛。

以一件上好的器物为例。从未上釉的足沿可以看出，该器物胎体洁白，质地细密，精心备制的瓷石和高岭土令坯体表面光滑。无论是何器型，均比例匀称，尤其是在轮盘上拉坯成型的器型更是如此。釉料清澈、有光泽但不刺目，除了有一丝泛绿外，无任何其他杂色，使白地与青花装饰更为协调。釉料和生胎紧密结合，胎体白如凝胶，使钴蓝色料更易于呈色。对收藏家来说，钴蓝色料对呈色品质是至关重要的。根据风格不同，蓝色可分为浅蓝、深蓝、银蓝或深宝石蓝，但必须纯净，不含一丝红色或灰色色调①。康熙时期的做法是，先画出细微轮廓，然后用分水法填色，而这对钴蓝色调是一大考验，如果颜料不够纯净，具有大理石纹的颜色马上会变得厚重暗沉，所以该颜料需从矿物钴中小心提纯。装饰图案经过精挑细选，精心绘制。浸釉保护了底座和标识，釉料覆盖足沿内部，裸露边沿，裸露部分在烧制时通常呈浅棕色。

康熙青花的装饰图案也有不足。装饰图案通常很局促、繁复，没有了明代青花装饰的清新和自然。从所采用的工序来看，烧制过程难免有些机械。分工对明代制瓷厂而言并不陌生，但在康熙时期，分工变成了一种艺术。每种装饰绘画都有专门的工匠，有只描绘轮廓的工匠，也有只画花、画鸟、画人物、画动物、画风景的工匠，另外还有专门使用分水法填色的工匠。当然，在器物上题字写款也需专业的工匠，官窑中设有专门负责铭文和款识的部门。

殷弘绪对陶瓷画家的评价并不高②。他将中国的瓷器画匠与普通工人画等号，认为他们的工作效率和只干了四个月的欧洲学徒差不多。但是他的言论很明显带有西方人的偏见，他们并不能理解中国的绘画传统，甚至他也不得不承认："中国人在瓷器上绘有精妙绝伦的花卉图案、动物图案和风景图。"我们今天意识到，无论这些工匠的地位如何，制作过程多么机械，他们的制作成品都是无可挑剔的。

但是，如果不是康熙青花色料浓淡不同，能够烧制出深浅不一的各种蓝色，这种看似机械的技艺是不可能赢得全世界认可的。有人认为，陶工正因为意识到了这一点，才在图案设计上下功夫，这是唯一可以使青花出彩的地方。在一件非常华丽的陶瓷器物中，白色部分占胎体面积小，原本的白地蓝花变成了蓝地白花，装饰效果很绝妙。但这还要

---

① 明代典型青花与此形成鲜明的对照，明代青花所勾勒的轮廓粗重，混水扁平。明代钴蓝色料通常偏紫色或灰色。——原注

② 依据殷弘绪1712年写的信，见卜士礼翻译的《陶说》（*Description of Chinese Pottery and Porcelain, being a translation of the T'ao Shuo*）第192页。——原注

取决于青料的质量,因此青料的发色受到收藏家的密切关注。青料颜色之间存在细微差别,若未经训练,肉眼很难分辨"头浓""正浓""二浓"之间的细微差异,但这些差异在专家面前,就非常明显了。不管是过去还是现在,一直以来都有人将青花作为终身研究对象,并发现这是一项回报不菲的工作。即使是不够专业、品味一般、眼光一般的普通人也很快能够分辨一流瓷器、上好瓷器、中等瓷器和低劣瓷器之间的巨大差异。如果我们对自己的记忆力不自信的话,我们可以在口袋中揣上一小块优质青花瓷碎片,在拍卖室和商店里做比对。

有意学习这方面知识的人应该不难找到值得关注的青花瓷。欧洲有许多精致的公共藏品和私人藏品,而伦敦人更有便利的条件来满足学习的需求。英国维多利亚与艾尔伯特博物馆里索亭(Salting)和其他人的私人藏品以及大英博物馆里弗兰克斯(Franks)的私人藏品几乎涵盖了青花瓷的主要类型。利物浦阳光港的利弗夫人美术馆内有一类具有特殊意义的藏品,该类器物不仅数量繁多,且当中很多是上等品。其中包括质量一流的"梅瓶"系列,一些你能想象得到的最好的青花瓷,以及几件尺寸特大①的瓷器,这几件器物的尺寸可与德累斯顿著名的"龙骑兵(grenadier)"瓶相匹敌②。

阳光港收藏品中有很多五件套(三件盖罐和两件瓷觚是为一套,用作壁炉摆件),这些东西是不可能摆在中国人的家里的,显然是为出口而生产的。这些青花瓷品质一流,这充分说明当时的外国商人已经有机会得到工艺上乘的青花瓷。

1692 年,俄国公使伊杰斯(Ysbranti Ides)访问北京,在其关于中国瓷器的简要说明中提到:上等的瓷器不允许出口。③ 这一说法完全正确,因为这些瓷器完全符合本土的审美风格,因此在中国被认为是最好的,通常不会落入不懂欣赏的外国人手中。但在德累斯顿和其他地方有大量证据表明,为欧洲贸易制作的器物往往质量也很高。

关于中国瓷器的一般造型和装饰手法,会在本书其他地方介绍,所以我们在此不去陈述青花瓷的造型和装饰。但康熙青花瓷有几个特点,读者或许感兴趣,在此有必要阐述一下。

首先是漂亮的盖罐,中国人在新年时用盖罐装香茶或甜食,当作礼物送给朋友,大家也会心照不宣地将罐子归还。这种盖罐可称为"姜罐""山楂罐"或"梅花罐",其中最后一个名称最为贴切。该盖罐的形状是扁平的椭圆形,颈部短且直,盖子通常是圆形的,偶

① 其中一件高 40 英寸。——原注
② 奥古斯特大力王(Augustus the Strong)在 1694—1705 年间修建了德累斯顿历史收藏馆(Dresden Collection),据说他以一军团的士兵(600 名——译者注)购得一组青花大瓷瓶。这些瓷瓶的尺寸在康熙青花中是罕见的,因为殷弘绪在他的第二封信(写于 1722 年)中描述到,带盖的瓷缸有 4 英尺高,于 1722 年分三节烧造,这在先前是无法做到的。——原注
③ 见 Marryat 所著《陶瓷》(Pottery and Porcelain)第 243 页:"最精美、贵重的瓷器是不出口的,或者说很少出口,特别是黄色器物只供宫廷使用,禁止流向任何其他人。"——原注

尔有扁平的,盖罐通体饰有梅花缠枝纹,蓝地中点缀着一朵朵白色梅花,冰裂网纹遍布。这个设计本身就非常漂亮,最能体现康熙青料品质的优劣。优雅的白色梅花缠枝纹自由洒脱、灵动自然,与强烈的宝石蓝背景形成了鲜明的对比。像所有真正的中国设计一样,它既是心灵的盛宴,更是视觉的享受。寒冬已过,冰雪消融,梅花最早预兆着春天的到来,中国的新年比我们的新年晚三到七周,而春天临近足以让这种令人愉悦的象征意义变得恰当。

在维多利亚与阿尔伯特博物馆以及阳光港的利弗夫人美术馆都可以看到精美的梅花罐藏品。在这些作品中,椭圆的形状与流畅的曲线相得益彰;梅花图案间隔自然,没有任何僵硬感;蓝色深沉而明亮,带有宝石蓝色调;肉眼可见白色部分胎质坚实、细洁纯白。有些梅花罐还保留着原来的圆帽形盖子,但这并不意味着所有的梅花罐都是如此,有些原盖随着时间的流逝破损或丢失,用木雕盖或其他瓷器盖代替。鉴赏家们会注意到,梅花罐口沿较直、位置较低,盖子所在的地方没有上釉,肩一周绘窄锯齿纹。

但是,像图2所示的这类精美藏品很稀少,价格自然也很高,即使是康熙时期的次等

图 2

康熙青花盖瓶,冰裂纹瓶身饰有白色向上和向下生长的梅花束,加斯帕德·法勒(Gaspard Farrer)先生收藏

藏品也很难遇见。由于梅花的设计太有吸引力了,因而也无法逃脱庸俗化的命运,我们发现它被运用到了各种新旧器物上。清朝晚期的瓷器质量明显下降,绘画线条僵硬,钴料发色或艳俗,或褪色,或不纯。如果梅花罐的器型发生变化,那么比例会不协调,肩部厚重,两面扁平。一些器物的梅纹已经失去了原有特色,变成一个仅对称的蓝地花卉图案。这种处理方式不适合大面积的图案,但在边框图案和小面积的图案上却很有效,如图 3 所示的瓷盒。

图 3

康熙青花瓷盒,冰裂纹亮蓝底饰白色梅花,直径 3 英寸,A. T. 沃尔(A. T. Warre)上尉收藏

其他类型的蓝地白花瓷器虽然没有像梅花罐那么引人注目,但也很有特色。这些瓷器的优点之一是没有像梅花罐一样因为众多诱惑而变得庸俗化。这些瓷器包括圆柱形罐、花瓶、花觚、双葫芦瓶、三葫芦瓶等,上面饰有紧密繁复的龙穿牡丹图案,四面留有开光,开光内绘普通花卉。也有一些器型相同的器物,上面装饰图案相似,只不过主体图案是玫瑰缠枝纹,器物上半部分饰小型椭圆形开光,开光内偶尔会留白,不加装饰,看上去像徽章一样,这种瓷器被称为"玫瑰和徽章(rose and ticket)"瓷,见图 4。虽然这些瓷器质量很高,使用了最好蓝色钴料进行装饰,但这些瓷器显然用于出口,而且经常出现在只为欧洲定制的瓷器套装中。还有一种细长的圆柱形罐,束颈,颈部饰一周宽带纹,宽带上饰古老的龙和灵芝图案,龙和缠枝花纹交替出现。① 这种瓷器也属于青花瓷器,通常质量很高。然后是窄颈瓶或窄颈壶,以及带有细长流和手柄的壶,壶上饰有大块叶状开光,或交错的镜状图案,上面布满了蓝底白花的花纹,周围的空间通常用小花朵或网状图案。② 还有一些罐子的边沿很深,蓝底白花,上面绘如意状垂饰坠或阿拉伯式纹饰。古代青铜器的图案虽然在乾隆时期比较常见,但康熙时期偶尔也会使用,如图 5 的三葫芦花瓶上。

---

① 见 R. L. 霍布森编著《大英博物馆所藏远东陶瓷导览》(*A Guide to the Pottery and Porcelain of the Far East in the British Museum*)图 107。——原注

② 见 R. L. 霍布森编著《大英博物馆所藏远东陶瓷导览》(*A Guide to the Pottery and Porcelain of the Far East in the British Museum*)图 112 和图 114。——原注

图 4   图 5

图 4　康熙青花圆柱形瓶，分水蓝底饰"玫瑰和徽章"图案，高 19.5 英寸，R. T. 伍德曼（R. T. Wood-
　　　man）先生收藏

图 5　康熙青花三葫芦花瓶，头部青铜巨人妖设计，白底蓝花，高 9.875 英寸，查尔斯·拉塞尔
　　　（Charles Russell）先生收藏

　　青花的设计则涉及一个更广泛的领域。明代所有的装饰图案都频繁地出现在清代
青花上，如山水、历史和小说人物、花、鸟及昆虫等，但我们在此只能选取几个比较特殊的
具有康熙风格的图案进行陈述。例如，图 6 和图 7 器物上面的风景图案最为经典，图 8 是
一件河景花瓶，绘有渔夫撑船的场景，呈现出不同寻常的个性。装饰题材雉鸡牡丹
图——雉鸡立于假山之上，周围是大片牡丹、梅花、竹子等——在各种康熙瓷器（无论质
量好坏）上都能看见。莲纹或牡丹纹与肥硕的花卉纹繁复交错，通常出现在鼓腹、长颈的
花瓶上。绘制雉鸡牡丹图案以及虎百合图案通常要使用高质量钴蓝料。虎百合图案常
见于圆柱形盖杯和圆柱形盖罐，偶尔出现在圆模雕刻纹瓷盘上。已故的史密斯先生（W.
F. Smith）就曾向大英博物馆捐赠了这样的一件精品瓷盘。

图 6　　　　　　　　　　　　　　图 7

图 6　康熙青花瓶型花瓶,深蓝色河景,带有"商店(Shop)"款识,高 10.75 英寸,前贝内特藏品(ex
　　　R. Bennett Collection),查尔斯·拉塞尔先生收藏

图 7　康熙青花棒槌形花瓶,深蓝色山景,高 7.5 英寸,查尔斯·拉塞尔先生收藏

图 8

　　康熙时期花瓶,造型介于观音瓶和棒槌瓶之间,宝蓝纯色装饰,绘有男人用网捕鱼的河景,颈部带
有四个"寿"字图案,双环叶状款识,高 17.5 英寸,F. N. 席勒(F. N. Schiller)先生收藏

紫苑图案，花从茎上呈放射状直线展开设计，一般出现在盘子、碟子、带盖的碗上，通常使用深蓝色颜料绘制。另一种花卉图案出现在玉兰花瓶上，尤其是一些盖罐或花觚，上面绘有一朵优雅绽放的玉兰。这种图案也常常以浅浮雕方式出现，绽放的白色玉兰周围由蓝地装饰，如图9所示。伦纳德·高藏品（Leonard Gow Collection）中有一件可爱的花瓶①，上面装饰图案是梅花而不是玉兰。

图9　　　　　　　　　　　图10

图9　康熙青花花觚，饰有石、稚鸡、玉兰、牡丹，呈釉下蓝、红、青绿色，球状腹部饰有古龙图案，成化款，高17英寸，查尔斯·拉塞尔先生收藏

图10　带有叶形凸起造型的瓷瓶，蓝色绘制花园景，其间有女士、孩童，高11.25英寸，康熙青花，前特拉普内尔藏品（ex Trapnell Collection），查尔斯·拉塞尔先生收藏

　　器物的模印部分采用浅浮雕装饰，是这一时期大部分外销瓷的一大特点。碗、盘、杯、碟、套装盖罐以及花觚通常就是用这种方式装饰，器物表面留有一个个叶状开光，开光内饰风景、花卉、单个人像或群像，如图10所示。这里的人物形象是身材高挑、气质优雅的仕女（独自一人或成双结对）立于花园的花瓶旁，荷兰人称"修长的伊莉莎"。有人可能会认为，交易一些精致美丽的物品时（比如说瓷器），会让人油然生出诗意，但从"修长的伊莉莎"、"姜罐"、鱼子纹、蛙卵纹等一些比较随意的词汇中可以看出，售卖东方器物的商人毫不浪漫。在所有的使用人物图案作为陶瓷装饰主题的尝试中，这一身长裙优雅

　　① 见 R. L. 霍布森编著《大英博物馆所藏远东陶瓷导览》（*A Guide to the Pottery and Porcelain of the Far East in the British Museum*）图113。——原注

的女性形象(如"修长的伊莉莎"风格)可能是最为成功的。

　　殷弘绪就销往欧洲的瓷器发表了一些有趣的言论。外国人非常喜欢一些古怪的器型,因此如果制作商想要尽快满足市场要求,一定需要大量存货,囤一些受欢迎的器型。任何对康熙时期瓷器有所研究的人对这一说法都表示肯定,当然这种说法不仅适用于青花瓷,也适用于颜色釉瓷。很多造型复杂的多面花瓶,是一块一块拼接起来的,并贴塑一些古怪的小物件,这种花瓶经常能在安妮女王时期建造的乡间别墅看见。这类器物与其说是漂亮,不如说是古雅。它们会因为有细小的瑕疵而被商人拒绝收购,砸在陶工自己手里,且在中国又没有市场,所以售价很高。同样,尺寸大小不同寻常的罐子和花瓶也大都是为欧洲消费者生产的。比如,1722 年烧制的四足罐,"是与欧洲人做生意的广东商人订购的"。当然,中国皇室偶尔也会要求订购大件器物,比如某皇子要求订购鱼龙碗和大瓷灯。据说,官员曾向殷弘绪寻求建议,想要烧制一些古怪新奇的器型,以满足皇室的喜好。但殷弘绪的教徒恳求殷弘绪拒绝,一方面是烧制古怪器物的难度太大,另一方面是如果让这些官员失望了,会带来很大麻烦。或许,一些器物的出现可以反映出他当时做出的努力,如两侧带有把手的古怪瓶子①很明显是仿制威尼斯玻璃瓶的造型,这样的瓶子经常能在康熙青花瓷藏品中看到。越是寻常的器型,如欧洲的餐具、盘子、杯子、碟子、大酒杯、壶、盐罐等,越是受到大家的欢迎。这些器物似乎一直以来供应不绝,但质量却差强人意,使用暗沉的深蓝色钴青料装饰,看起来毫无生气。从器物表面可以看出,这一时期中国瓷器的缺点是:盘子等器物边缘很尖,刮手,且容易出现缺口。殷弘绪表示,中国人意识到这一缺点后,就想在不影响器物发色的前提下,通过局部施加一层特殊的釉解决这一问题,此后,他们便在器物沿口边缘涂上一圈光滑的棕色釉,从而达到保护的作用。

　　这一时期青花瓷上的款识形式多样,非常特殊。据史料记载,1677 年,景德镇地方官员禁止陶工在陶瓷上留有当朝皇帝年号或吉词,以免损坏器物或亵渎器物。虽然这一命令通过强制手段得以在短时间内实施,但也就是从这个时候起陶工开始使用符号等替代康熙年款。明代皇帝年号,如宣德和成化,相对来说在康熙瓷器上比较常见,而康熙这一年号基本在康熙瓷器上看不见了,由堂名款、吉言款、符号等代替,偶尔也使用双圈纹底款,圆环内空白,无任何装饰。这让我们有充分的理由相信,很多的替代款识可以作为分辨康熙瓷器的证据,如"玉"字款瓷器,就被认为是一种高质量瓷器。

　　另一款识,既会出现在高质量青花瓷上,也会出现在高质量颜色釉瓷器上,且很明显是销往欧洲的。该款识像英文字母"G",通常出现在某些颈部直长,绘有缠枝花纹,风格独特的瓷瓶上,且这种纹饰很有可能是受到了荷兰的影响。毫无疑问,这种特殊款识会用于一些为国外公司定制的器物上。

---

　　① 见 R. L. 霍布森编著《大英博物馆所藏远东陶瓷导览》(*A Guide to the Pottery and Porcelain of the Far East in the British Museum*)图 109。

接下来要提及几种特殊类型的青花瓷器。我们非常感激殷弘绪提到了其中的两种。第一种是软质瓷，这一名称源自美国人，就像很多其他陶瓷术语命名一样，这种器物命名是根据美国人的刻板印象而定，他们未对事实进行考证。"软质瓷"在欧洲人眼里指的是塞弗勒和切尔西所生产的仿制瓷器，这种瓷器质地、胎体确实相对较软，而中国瓷器质地要紧密得多。另外，这种瓷的瓷釉也比普通的长石釉更软，内含有一定比例的铅，烧制时通常会产生裂纹。殷弘绪表示，这种胎体的主要成分是滑石。滑石是一种油质皂性材料，通常被西方称为 soapstone 或 steatitc①。制作瓷胎所用滑石粉与白不子比例为 8∶2。也就是说，如果用滑石粉代替了高岭土，那么将该瓷器称为滑石瓷更为准确。

我们不妨引用殷弘绪信中的权威叙述："因为用滑石制作的瓷器相当罕见，因此比其他瓷器更加昂贵。它质地细腻，若在上面进行绘画装饰，滑石瓷与普通瓷相比，就如上等羊皮纸与普通纸张相比。此外，习惯拿其他类型瓷器的人再拿这种瓷器，会感觉变轻了很多，令人惊奇。因而这种瓷器比普通瓷器更易碎，而且很难把握烧制的准确温度。有些瓷工不把滑石当作制瓷的主要原料，只是把它做成比较稀的滑石浆，等瓷坯干燥后蘸入滑石浆中，使瓷坯在上釉前涂上一层滑石浆，这样可以使瓷器变得更美。"

因此，滑石瓷胎分为两种，一种是完全用滑石做的，一种是表面涂了一层滑石浆的。完全用滑石制成的瓷胎虽然摸起来细腻莹润，但表面干燥、有粉质，中国人称之为"沙胎"或"浆胎"，瓷胎不透明。由于这种纯滑石瓷器用料昂贵，所以通常用来制作陶工擅长且中国人喜欢的精致小物件，如文人书房中的装饰、水盂、水注、小花瓶、香炉、印盒等。此外，器物绘画笔触极为细腻，每一笔都似乎由细小的线条绘制，而非用浓淡深浅不同的色阶涂抹而成，因此造价甚高，一般是由技艺精湛的画工用上乘青料完成。这种细致的装饰手法受到了明代早期青花瓷画匠的影响，但很少运用到明代晚期或者康熙时期普通的青花瓷上。

据殷弘绪描述，1722 年使用滑石是非常新奇的，但考虑到他经常将仿古瓷当作新奇之物，所以对于他的这种说法，我们并不同意，更何况 16 世纪有一些陶工专长于生产一种与滑石瓷器非常相似的蓝色装饰陶瓷器物②。我们知道滑石在雍正和乾隆时期已广泛使用，但有人认为只有乾隆时期的精品青花瓷才能称得上是滑石瓷器。唐英在一封 1743 年所写信件中提到："有一种称为葱芽（onion sprouts）的青料，可以绘出非常清晰、有边界感的线条，因为在烧制时颜料不会流动，所以用于制作最为精致的器物。"

图 11 至图 15 所示的都是滑石瓷器。其中一些是来自大卫先生（Mr. P. David）的收藏。仔细观察这些藏品，我们可以感受到这些精致瓷的轻盈、千变万化以及独特的魅力。一些藏品胎体几乎不透光，足沿露出的胎体非常暗沉。另外，如图 15 所示，瓷器胎

---

① 然而，沃格特（Vogt）在分析了取自三宝蓬的滑石样本后认为，滑石不含镁，是一种伟晶岩而非皂石，我们在此保留"steatitic"术语用以专指用滑石烧制的特殊瓷器。——原注

② 见 R.L.霍布森所著《明代陶瓷器物》（*Wares of the Ming Dynasty*）第 185 页。——原注

体薄如蛋壳,表面除了有较浅的裂纹外,还有不均匀的橘皮纹。一些更为大件的器物,比如说大英博物馆内的一个花瓶①,以及大卫博物馆里的一件精致花瓶,上面绘有麻姑及狮形兽的形象,两者都属于上述所说的第二种滑石瓷器——仅仅在表面涂有滑石。这两件瓷器表面雪白,有釉裂的痕迹。

图 11   图 12

图 11　瘦长鼓腹花瓶,细小开片滑石瓷,釉下蓝饰有假山、牡丹花、菊花,颈部和底座上方有凸起的带环,成化款,康熙时期瓷器,高 4.4 英寸,P. 大卫先生收藏

图 12　滑石青花茶壶,高 3 英寸,A. T. 沃尔上尉收藏

图 13   图 14

图 13　滑石青花瓷盒,款识为一支梅花,深 2.25 英寸,查尔斯·拉塞尔先生收藏

图 14　滑石青花瓶型花瓶,雍正款,高 2.875 英寸,查尔斯·拉塞尔先生收藏

---

　　① 见 R. L. 霍布森编著《大英博物馆所藏远东陶瓷导览》(*A Guide to the Pottery and Porcelain of the Far East in the British Museum*)图 137。——原注

图 15

水盂,橘纹釉滑石蛋壳瓷,两面绘制釉下蓝鱼卵海兽图,超薄,外部蓝釉映射至内部,六个字的乾隆款,直径 2.5 英寸,P. 大卫先生收藏

在公共博物馆和私人博物馆可以看见这两种滑石瓷器,至少在鼻烟壶中较为常见。殷弘绪在 1712 年信件中所描述的第二种类型滑石瓷器仍有待发现,殷弘绪对这种瓷器的描述非常诱人①,但这种制作工艺在他写信的时候就已经失传了。殷弘绪表示:"中国工匠曾经可以在瓷器的各个面画各种鱼和其他生物,但只有当瓷器中盛满水时才能看见瓷器上的图画。他们将这种瓷器称为'夹青',是根据施用青料的方式命名的,即将蓝料施在胎体和滑石浆之间。有关制作夹青的秘诀,中国工匠只能回忆出下面这些细节,也许欧洲人的想象可以弥补中国工匠已经忘记的部分。作画的瓷器必须要很薄,等干后用较深的蓝色颜料绘图,不过不是按照惯例画在外侧,而是画在内侧;画的比较多的是鱼,因为杯内盛水,鱼的突然出现会比较合理。颜色干后再薄薄地上一层滑石浆。滑石浆将天蓝色夹在两层薄薄的瓷土之间。胶状物干后再在瓷器内侧上釉,过一阵子再放在模子和转轮上加工。由于色彩是画在瓷器内侧的,因此人们可把外表层加工到尽可能薄,只要不伤及色彩即可。然后在外部浸一层釉,等瓷器内外干透后即送入普通窑内烧制。这一操作很复杂,需要技巧,而这种技巧中国工匠很明显并没有保留下来。不过他们仍时不时地尝试重现这种神秘的装饰技术,但都没有成功。不久前,他们当中有人言之凿凿地告诉我们进行了新的尝试,而且快成功了。"

重现这种瓷器似乎并不是完全不可能的,只是很显然需要高超的技巧,但怎样让不透水的釉料颜色看上去栩栩如生,仍然是一个谜。项元汴所著的《历代名瓷图谱》记载了一件宜兴茶壶,该茶壶装满水时,颜色会发生变化。② 以上殷弘绪和项元汴所记述的两个

① 见卜士礼翻译的《陶说》(*Description of Chinese Pottery and Porcelain,being a translation of the T'ao Shuo*)第 197 页。——原注

② 见 R. L. 霍布森所著《明代陶瓷器物》(*Wares of the Ming Dynasty*)第 185 页。——原注

故事让人觉得难以置信。但是我们又想到了俄国公使伊杰斯在 1692 年访问北京时所记述的事情，其中包括："他们有一种白瓷，胎体极薄，在两层玻璃釉间用金属氧化物绘有蓝色的鱼，所以只有在装满水后才能看得见。"他并未亲眼见过这种器物，也许只是在复述当时听到的内容。也许陶工在制作淡蓝色装饰的瓷器时就已经想到了这种暗花工艺。大英博物馆内就有两三件这样的器物。其中一件通体洁白，玻璃质地，很明显是一件特殊器物，上面的装饰图案（通常是龙纹）是用针尖在胎体上一针一针雕刻上的。少量钴将针尖所刻图案填满，上釉和烧制方式一如往常。烧制过后的蓝色装饰图案像是在花瓶上刻了一个印记。顺便提一下，这些瓷器上虽然会带有成化的款识，但是烧成时间很明显不早于雍正时期。我们发现，在斯塔福德郡（Staffordshire）烧制的盐釉炻器①上使用青料装饰始于雍正后不久，烧制方式也非常相似。

还有另外一种颜料需要在高温窑内烧制。这种颜料像青料一样，先在器物上进行绘画装饰，然后再上釉。这就是来自铜元素的釉里红。下面我们将会把这种红与康熙时期的辉煌成就之一"红釉"联系在一起进行论述。我们认为铜红可以用来绘制图案，或单独使用或与釉下蓝搭配使用。然而，从 15 世纪开始，铜红似乎给各时期的陶工带来了很多的麻烦。在宣德期间，铜红大获成功；而在成化期间，它被彻底抛弃。康熙瓷器上的人物形象虽然不够引人注目，但铜红在大多数清代瓷器上获得了巨大的成功。

因使用方法不同，釉里红装饰分两种。第一种绘制图案线条锋利、清晰，像铅笔画一般，而另外一种颜料堆积，烧制过后，表面有明显的凸起，甚至出现裂纹。后者更像是一种釉，时而呈现牛血红釉的特征，时而呈现粉红釉的特征。

无论是否使用白色化妆土②，釉里红和釉里蓝都可与青釉和藕荷色釉有效地结合在一起使用。青釉似乎更容易烧出铜红色，有一些瓷器非常完美的铜红色是由淡青绿釉烧制出来的。关于雍正和乾隆时期的瓷器我们将在下一章讨论，但是在此我们要埋一个伏笔，向读者介绍图 9 所示的一件康熙瓷器。该瓷器是一件花觚，上面绘有假山、牡丹、雉鸡、玉兰等精美图案，器表存在部分浮雕，使用釉下红蓝装饰，胎体上还呈有一丝青绿色。顶部的玉兰花是由蓝色色阶绘制而成，这种方法在前文③就已经有所描述了。

---

① 即所谓的"划青（scratched blue）"盐釉，见本书第 94 页。——原注
② 即液体瓷土。——原注
③ 见本书第 16 页。——原注

第三章　釉下彩瓷

　　除了青花瓷外，最具特点的康熙瓷器便是五彩（Famille verte）瓷。Famille verte 的意思是绿色家族，之所以这样命名是因为五彩瓷着色以绿色为主，但实际上，五彩瓷还需要黄色、紫蓝色、茄紫色、珊瑚红和复合黑与之配合，才能相得益彰。

　　五彩瓷发色需小剂量的金属氧化物作为着色剂，钴的氧化物让釉料呈现蓝色，与此类似，铜呈绿色，锰呈茄紫色，铁呈红色，铁或锑呈黄色。而且，几乎所有釉料都会与助熔剂铅混合，形成易熔的有色玻璃釉。在马弗窑内，釉料在低温下熔化于器物表面①，冷却后形成色彩明亮、透明的釉层。红釉是个例外，它只需要少量甚至不需要助熔剂。它只需要与水和少量牛胶混合，就能黏附于器物之上，其玻璃质地来自釉本身。另外一种不需要添加助熔剂的颜料是棕色或黑色（来自锰元素），用来绘制轮廓或为复合黑珐琅彩打底。用作打底时，会在黑色颜料上涂透明的珐琅彩，通常是绿色釉料，偶尔是茄紫色釉料。清晚期生产瓷器时，偶尔会用一层无色助熔材料涂在黑色颜料上或者将助熔材料和颜料混合，但得到的颜色明显不如康熙时期的黑绿色。

　　清代五彩瓷所使用的颜料和明代陶工生产五彩瓷所使用的颜料非常相似，制作原理都一样，但成品存在一些差异。康熙五彩的黄色通常会比明代时期的黄更透亮；绿色则呈现出不同的色调，其中浅苹果绿尤为显著；红色则更透更浅，掺有一丝珊瑚红；紫罗兰蓝（只在明代晚期短暂使用过一段时间）取代了明代孔雀绿。这种紫罗兰蓝彩料，色彩美丽异常，是五彩瓷的一大特征之一。鉴赏家在鉴定器物时会特别注意这种釉质，如果这种釉的蓝色明亮清澈，则价值很高。大家经常会注意到紫罗兰蓝珐琅彩的一个特点，即这种彩料似乎会浸染白胎，使白胎布满油光发亮的斑点，就像油滴在水上，非常神奇，这种现象称为"光晕"。毫无疑问，这是蓝色发散的结果，但因为这种情况并不经常出现，所以被认为是一种缺陷，并最终找到了补救的办法。但收藏家并不会因为器物这一缺陷而沮丧，反倒将它视为辨别瓷器真伪的标记。

　　康熙五彩瓷作为陶瓷装饰的杰作，所使用的颜料虽然有限，但都是经过精心挑选的，偶尔也会使用镀金装饰。而且中国的艺术家可以熟练运用大量装饰图案，从而实现各种各样的装饰效果。根据技术和外观的不同，彩瓷可分为两种，其中一种称为釉下彩，另一种称为釉上彩。

---

①　见本书第7页。——原注

要想了解釉下彩,有必要先解释一下"素胎"。素胎指的是已经在窑内烧制但未上釉的瓷胎。虽然瓷胎通体雪白、纯净,但表面粗糙,不能反光,所以会通过以下步骤施上彩料。首先,使用棕黑色颜料勾勒图案轮廓,完成细节勾线。然后,用大片混水法填上透明的珐琅彩,使图案更加立体和着色。五彩全色很少出现釉下素胎装饰中,素胎装饰可追溯到明代三彩,通常是绿色、黄色、茄紫色三种珐琅加以组合,且白色珐琅施用后几乎没有颜色,只透出一丝浅绿色光泽①。釉下素胎装饰还会使用复合黑,但比较少使用珊瑚红和紫罗兰蓝。后两种颜色似乎并常用在素胎上,并且用时还必须要上一层特殊的瓷釉,如图16中的一对人像瓷所示。

图 16

一对中国男女人像瓷,部分素胎施珐琅彩,部分釉上施珐琅彩,康熙时期器物,女士瓷像高14英寸,伦纳德·高先生收藏

---

① 收藏家常将此浅绿色光泽比作蜗牛痕,此种填色用的显然是没有任何着色氧化物的珐琅熔剂物质。——原注

按照惯例,整个器物的表面都采用釉下彩装饰,因为如果素胎裸露在外面,容易变脏变色。但器物足底和其他非重要区域以及小雕像凸起的部分通常不采用釉下彩装饰,而是先涂上红色颜料,再镀金。素胎上的金色和红色都会随着时间的流逝而消失,导致现存器物上釉的部分裸露素胎,但只要善于观察的话,往往能在裂缝和凹凸不平处发现残余的红色和金色。

釉下彩与粗糙的胎体结合能够制造一种柔和美的效果。个别珐琅彩会比釉上彩颜色更深,质地更软。三种颜色的随意组合让器物具有独特的外观。这种风格的装饰适用于各式各类器型,尤其适用于小雕像以及装饰复杂图案,因为与既涂珐琅彩又上釉相比,单层珐琅彩对造型的影响更小。如果釉和珐琅彩一起使用,釉容易在造型凹处堆叠,让轮廓变得模糊。

明朝时期烧制釉下彩瓷,导致一些人不加辨别地认为,釉下彩瓷就是明代瓷器。这一说法特别具有误导性,因为现存的瓷器近90%是属于清朝的。然而,如果还有人因受到不科学的书籍和销售目录影响而有这种错误的看法,我们最好的做法就是让他去看看大英博物馆那块非常有意思的小砚台①。这个砚台看似是明代时期的瓷器,但实际生产时间是1692年。此外,德累斯顿博物馆内有大量藏品,主要是康熙时期的瓷器,几乎都是在1694年之后烧制的,更别说该时期其他的历史藏品。我们有理由将这些藏品归为康熙时期瓷器,除非有其他特殊证据可以证明它们生产的时间更早。

上述这点虽然已经强调过了,但必须一直强调下去,因为没有什么比消灭一个影响巨大的错误观念更难的了,而且,釉下彩对收藏家来说非常重要。此外,即使某些釉下彩瓷像和釉下彩瓷器不像十年前那样要价过高,但仍属于特别昂贵的一类。这类瓷器突然间大受欢迎,也不可避免会经历衰退。还有一个问题需要考虑,那就是瓷器市场异常繁荣,对商品的需求量大增,催生了大量的仿制品出现。中国人和日本人都在证明自己高超的仿制技术,因而如今对专家来说,如何鉴别釉下彩的真伪是一个严峻的考验。一些色彩可以通过精准仿制实现再现,恰到好处的打磨也可以对器物做旧。然而,人为的做旧往往有些过度,有些古旧的瓷器,只有在时间的侵蚀下,才会留有真正的磨损痕迹,且这一痕迹很难造假。鉴赏家知道如何找寻这些痕迹,找寻器物独有的特点和风格,而这些是当代仿制品做不到的。当然,鉴赏家还是有必要小心,不能放松警惕,不仓促做决定。

从图版1、图版3到图版10②所示的器物可以看出釉下彩装饰的总体效果。图1是

---

① 见 R. L. 霍布森编著《大英博物馆所藏远东陶瓷导览》(*A Guide to the Pottery and Porcelain of the Far East in the British Museum*)图87。——原注

② 原著图片以图版形式(图版1—76)列出,本书按图版中的器物在文中出现的顺序重新编号,此处及下文提到图版及编号均指原著图版及编号,参见附录1"原著图版和本书图例序号对照表"。——译者注

一件赏心悦目的花瓶,器型是仿制一件带有雉堞形边的方形青铜器花觚,其上所绘图案经过精心设计,使瓷器部分和青铜器部分之间保持良好的平衡。颈部的"寿"字无论用于青铜器还是瓷器都非常适宜,但鹳、假山和边沿的波浪纹图案更适合用于瓷器上。后来瓷器上使用仿青铜器纹饰既不像康熙时期那样频繁,也不如康熙时期逼真。喜欢乾隆瓷器的匠人毫无疑问会将这只花觚上面的古代青铜器纹饰完整地复制下来,包括头部的魔头纹、颈部的叶纹和底部的龙纹。

图 17 是一件婚庆用杯,结合了青铜器的器型与瓷器的装饰图案,绿地上点缀着蝴蝶,且留有寿字。这些非常有趣的器物上绘有具有象征意义的装饰,有助于营造新郎和新娘海誓山盟的气氛,在中国婚礼上扮演者重要的角色。碗上缠有一条龙作为把手,寓意着富饶,寿字不言而喻象征长寿,蝴蝶寓意着幸福加倍①。另一件如图 18 所示,结婚时所用的杯子是在黄地上绘有荷花图案。图 19 和 20 所示的两件茶壶是康熙时期比较有名的器型,其中一件两侧有精致开光装饰,一侧通常使用墨地五彩进行装饰,另一侧是大家最喜欢的竹子图案。另一个茶壶的器型是素胎瓷的经典造型之一,如图 21 和 22 这两件稀有的瓷器所示。

图 17   图 18

图 17   带有古龙把手的婚庆杯,康熙素胎珐琅彩瓷,高 4.5 英寸(不带支架),伦纳德·高先生收藏
图 18   带有古龙把手的婚庆杯,黄地绘制荷叶、荷花和莲蓬图案,康熙素胎珐琅彩瓷,直径 5.25 英寸,前贝内特藏品,沃尔特·利维(Walter Levy)夫人阁下收藏

---

① 见本书第 127 页。——原注

图 19   图 20

图 19 六角茶壶，六面镂空饰有松、竹、梅，怪兽头形壶嘴和把手，康熙素胎珐琅彩，高 5.75 英寸，
        伦纳德·高先生收藏

图 20 竹纹茶壶，松枝形把手，彩绘松针延续到壶身，壶盖上有梅花图案，壶嘴为梅花浮雕设计，康
        熙素胎珐琅彩，高 4.5 英寸，伦纳德·高先生收藏

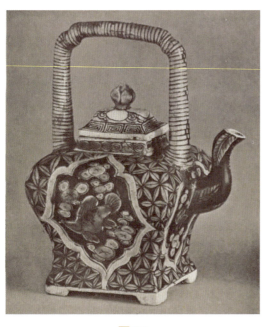

图 21   图 22

图 21 黑地彩绘茶壶，大片竹叶、鱼和水草装饰，康熙素胎珐琅彩，高 5.75 英寸，沃尔特·利维夫
        人阁下收藏

图 22 茶壶，黄和茄子紫底饰以鹤、荷花、雏鸟在岩石等之上，康熙素胎珐琅彩，高 6 英寸，沃尔
        特·利维夫人阁下收藏

如前面所述,很多动物、鸟、人类的形象都是通过釉下彩进行装饰,釉下彩在为器物着色的同时不严重损害器型。伦纳德·高的收藏中有两对瓷器(如图16和图23所示)精美异常,人物姿态简单、自然,穿着时尚,表现了传统中国人的魅力。两对器造型都很好,但较小的那一对(图23)尤其好,人物姿态活泼,神态喜悦,富有感染力。女像左手边托有一只小松鼠一样的小动物,我们称之为"松鼠与葡萄藤造型",面部在素胎上施一层薄薄的白中泛绿的珐琅彩,女士嘴唇以及男士帽子上涂有干红色颜料。值得注意的是,另外一对(图16)釉上施蓝红珐琅彩,男士像留有小辫子。

图 23

一对男女人像瓷,女士手中持一松鼠,康熙素胎珐琅彩,高9.75英寸,伦纳德·高先生收藏

并不是所有康熙时期的瓷像都那么引人注目。很多康熙瓷像带有宗教性质,造型现在看来非常老套。当然,在这个时期也有塑造得比较好的神像和半神像,但很多缺乏了明代器型的力量和自然灵动,只是造型怪诞、奇特。这一时期,某种怪诞幽默的动物形象会比贴近自然的动物形象更加吸引人。与唐代陶制马不同,这个时期的马造型僵硬。比如图24所示的一匹黑马上面坐着一个身着绿色长袍的人,这种器型较为稀少,受人瞩目是因为其色彩,而不是器型。佛教中的守护狮属于另一类型,他们是想象中的生物,造型比较凶残,同时也比较幽默。图25和26所示的一对狮子,雄狮怀抱锦缎球,而雌狮子怀抱幼兽。这一对狮子的发色是釉下彩装饰中比较好的,幼狮是为祭祀而准备的,其大小刚好合适用来插香烛。

图 24

素胎彩绘人马像瓷,康熙时期瓷器,高 7 英寸,伦纳德·高先生收藏

图 25   图 26

图 25 和图 26　一对狮子,一只怀抱锦缎球,另一只怀抱幼狮,素胎上施珐琅彩,长方形底座带有梅花、冰裂纹和大片开花植物,康熙时期瓷器,高 17.5 英寸,伦纳德·高先生收藏

其中最为赏心悦目的瓷像是鸟类瓷像,比如图 27 和 28 所示的一对鹦鹉,鲜艳的羽毛使用了光滑漂亮的珐琅彩进行装饰。图 29 所示的一只鹅和图 30 所示的一只黑鸟都是造型别致的精品瓷像,这两个瓷像显然受到了罕见的墨地彩的影响。

图 27　　　　　　　　　　　　　图 28

图 27 和 28　一对立在岩石上的鹦鹉,康熙素胎珐琅彩,高 9 英寸,伦纳德·高先生收藏

图 29　　　　　　　　　　　　　图 30

图 29　鹅造型瓷,带有黑、绿、黄、茄子紫等颜色,康熙素胎珐琅彩,高 9.25 英寸,亨利·赫希(Henry Hirsch)先生收藏

图 30　一只鸟停留在岩石之上瓷像,素胎彩釉装饰,主体釉色为黑色,康熙时期瓷器,高 5.25 英寸,沃尔特·利维夫人阁下收藏

也有其他一些有趣的器物运用这种装饰。图31所示的文具盒，以及图32和图33所示的灯笼和方形笔筒，都说明镂空技术娴熟，可以用在各种器型上。笔筒上留有"文章山斗"四字（构图有高山和北斗星），一面一字，在一个要收纳学者和书法家的"武器"的容器上提上如此铭文是再合适不过了。

图 31

四面镂空文具盒，康熙素胎珐琅彩，长6.125英寸，雷金纳德·科里（Reginald Cory）先生收藏

图 32

图 33

图32 方形笔筒，四面镂空，带有"文章山斗"四字，康熙素胎彩，高5英寸，沃尔特·利维夫人阁下收藏

图33 镂空灯笼，锦花和菱形图案设计，康熙素胎彩，高7.25英寸，G.尤摩弗帕勒斯（G. Eumorfopoulos）先生收藏

釉下彩装饰在以黑色、黄色或绿色为底色的华丽器物上达到了巅峰。收藏家喜欢把釉下彩细分，如墨地彩和黄地彩等。在这些釉下彩中，只有墨地彩瓷尺寸较大，通常单个

器物收藏。黄地彩瓷尺寸较小，如果收藏者足够幸运的话，可以收藏到各种黄地花瓶构建一个黄地彩瓷族系。任何时候都不会有人觉得墨地彩瓷很普通或常见。恰恰相反，想找到一件质量较好的墨地彩器物是非常困难的，而且它供不应求，价格高到吓人。

　　墨地彩，顾名思义，以同时施用绿釉和黑釉为特点，在棕黑色料外罩一层透明的绿釉，绿釉光亮年久不衰，形成像乌鸦翅膀一样在黝黑中透着柔和绿色的效果，在此基础上用绿、黄、紫和白色绘制花卉图案，其中的美感简直无以复加。各种造型的墨地彩瓷瓶，如卵形瓶、花斛、棒槌瓶、方形瓶，盖罐或是非盖罐，都拥有康熙时期瓷器的优点，造型逼真，线条优美。较为常见的图案是花卉植物、龙纹等，偶尔会有人物和风景图案，但最受欢迎也最吸引人的图案毫无疑问是以下图案（如图34所示）：中央是一棵盛开的胡桃树，茄紫色的枝干，绿色的叶子，开着白色的花朵，少部分的器物上是红色花朵；树的根部是一座假山，假山周围有两大块绿色，分别是一些竹子和草；羽翼鲜艳的鸟儿在枝头盘旋时，树底下或许还有一对兔子嬉笑打闹，整个构图非常完整。黄色虽然很少使用，但鸟身上的几抹黄色给整个图案带来亮点。方形花瓶，一面一开光，分别绘上代表四季的花卉植物（牡丹代表春天，荷花代表夏天，菊花代表秋天，梅花代表冬天），还有假山、鸟、虫等普通图案（如图35所示）。在大盖罐或大花瓶上，花丛中（牡丹花、绣球丛等）的石头上绘有野鸡或者凤凰的图案，非常迷人，黑地很少出现在开光周围。

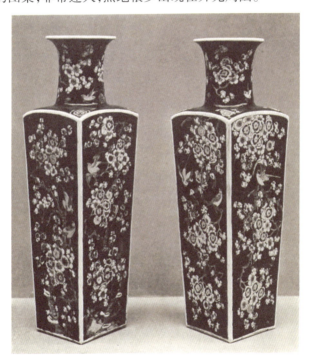

图34

　　一对方形棒槌造型花瓶，绘有鸟和梅花，梅花树枝在一只瓶上向上生长，在另一只瓶上向下生长，梅花点红，底款为一片树叶，康熙时期瓷器，高19英寸，J. C. J. 德鲁克（J. C. J. Drucker）先生收藏

墨地彩不仅仅有花瓶或大物件，还有碟子、碗、瓮、酒器等数不清的实用品和装饰品，甚至有一些圆形杯碟、茶壶等器物出口至欧洲。

墨地彩瓷存世器物丰富。伦纳德·高所藏《中国瓷器图录》中展示了一件非常重要的花觚（如图版 B[①] 所示），这种器型被中国人称为"妍妍（yen yen）"[②]，器物上面绘有熟悉但不俗套的梅花、假山、鸟等图案，非常漂亮。上面的纹饰图样也令人叹服：歪曲的树干富有艺术气息，精心渲染的花朵自由轻盈地飞舞着。图录中还有一件相同主题的方形棒槌瓶，也一样精美。另外，在阿姆斯特丹国家博物馆德鲁克收藏中，有一对大家熟悉的花瓶。这对花瓶非常有名，因为花瓶上绘有较为罕见的红梅，并且所绘树枝盘根错节，非常巧妙。如图 35 所示，四季花卉十分贴合地运用于花瓶的四个面，颈部有繁密锦纹，如意纹、龙纹交错使用。图 36 精致的盖瓶是伦纳德·高一对藏品中的一只。

图 35

图 36

图 35　方形棒槌瓶，墨地彩饰以牡丹、荷花、菊花、梅花等季节性花卉，瓶颈古龙奖章图案，瓶肩菱形纹饰，瓶底内陷无款识且未施釉，康熙时期瓷器，高 19.5 英寸，伦纳德·高先生收藏

图 36　盖瓶（一对中的一只），墨地彩绘梅花、牡丹和鸟，康熙时期瓷器，高 8.5 英寸，伦纳德·高先生收藏

---

① 原著将若干精致瓷器的图版编号为图版 A、B、C、D、E、F 等，称为豪华版（the edition de luxe），图版 B 即图版 29，如图 6 和 7 所示。——译者注

② 据 R. L. 霍布森《中国陶瓷史·第 2 卷》（*Chinese Pottery and Porcelain：vol. II*）第 156 页注释 1，yen 意为"漂亮"。——译者注

可以观察到,在一些更为精致的器物中,黑釉彩看似须施用在大块区域,而不能施在纹饰太聚集的区域,但实则相反,黑釉彩通常会以一种较为艺术的方式被隔开,实现色彩渐变,让图案栩栩如生。图35和图版B中两件花瓶就表现得非常明显,尽管这两件器物的黑地效果不佳,阻碍了画面的完整呈现。

在康熙之后,黑色珐琅彩在风格和图案构成上发生了一系列变化。乾隆时期,经常使用经典黑色珐琅彩于绿地绘制重复繁密的花卉纹或于粉彩珐琅地绘织锦纹,并且很少有人在康熙瓷器上看到大块黑色珐琅。我们还注意到,后来的黑色珐琅彩,在某些情况下,为了能够达到更好的效果,黑色颜料会同珐琅彩一起使用,将黑色颜料同无色透明珐琅料一起涂于素胎表面。当然,现在有很多康熙墨地五彩的仿品,其中一些颜色仿制还过得去,但是黑色总是散发着一种不自然的光泽,与时间打磨下的光泽截然不同。除了珐琅颜色上的差异,还有就是即使是最逼真的仿制品,风格和器型上也都会与旧器物存在差异,只要通过器足底裸露的胎体很快就能将它们分辨开来。但也有一些仿品,采用完全不同的仿制技术,将器物仿得更逼真。这些仿制品足底裸露的胎不再会揭露造假者,而是变成造假者的帮手。因为足底部分是真品,来自真正的康熙花瓶,其做法很有可能是在真的足底上重塑一个新的胎体①,或者将旧花瓶上不够精致的装饰剥落下来,然后重新覆盖一层更贵的珐琅釉。

仿制人员技术非常娴熟,他们不遗余力地使用珐琅彩,让器物拥有康熙瓷器的外观。狂热的爱好者会处于一种"辨别真伪"的兴奋当中,很容易被这样的器物给吸引,他们会用审视的眼光找出绘画上的僵硬不足、发色上的不同以及足圈上一定会出现的复烧的痕迹,因为现代模仿者不可能仿制出真品自然洒脱的风格。如果器物经历了残酷的"剥皮"过程,通过仔细观察可以发现除了因复烧导致的器物足圈底部变色之外,还一定能发现加工过的痕迹或者其他的证据。这些骗人的伎俩给收藏带来风险,但若没有这些,收藏无疑会失去很多乐趣。

人们对墨地彩的描述也适用于黄地彩,唯一明显的区别是绿黑地被黄地给取代。两者之间技术是一样的,这样就会出现器型一样、装饰一样的器物,而同一批仿制者只需更换所仿制的颜色就可以了。虽然在很多收藏中都能看到黄地彩小花瓶,但黄地彩大花瓶很明显比墨地五彩大花瓶更加稀有。伦敦人比较幸运,索亭收藏中可以看到很多比较精美的器物,大英博物馆少说也拥有一两件这样的器物。阳光港藏品收藏了大量的墨地彩,其实也藏有一两件质量非常好的黄地彩花瓶。所有的这些黄地彩瓷,黄色差别比较大。大英博物馆藏有一件花瓶,色彩明显比较浑浊,色调偏棕,而其他的器物色彩清澈,

---

① 不管在中国还是西方,陶工都能够非常熟练地替换破碎花瓶的颈部、肩部甚至其他更大的部位。瓷器各部位替换完成后,连接处的痕迹通过使用珐琅可以巧妙地掩盖。收藏家需要警惕这些替换过的仿制品。——原注

色调带有一丝透明的淡黄色。毫无疑问，后者是比较理想的效果，但很难烧制成功，成品或多或少都带有点棕色。

　　我们很幸运可以在伦纳德·高的收藏中找到几件精致的器物。在图 37 所示器物中，黄地有些斑驳并没有什么不妥，其上绘有非常经典的图案，包括假山、野鸡、花草和树木。这图案可能起源于宋朝①，是康熙时期画家的最爱，他们将这样的图案用在青花瓷和绿地彩瓷上。图 38 是一件多边形盖瓶，黄地上绘有相似的图案，很明显属于五件套中的一件。在套装墨地彩花瓶以及墨地彩花斛中，也可以看到相同的器型。图 41 是一件黄地大碗，其色调均匀纯净，近乎完美，上面饰有漂亮的鹤纹和莲花纹。

图 37

带盖大瓷缸，素胎黄地彩釉绘制岩石、雏鸟、梅花、牡丹、竹子、白菖和灵芝，康熙黄地彩，高 14.5 英寸，伦纳德·高先生收藏

---

　　① 该图案在绘画艺术作品当中有很多复制品，当中有一件藏于大英博物馆，是明代画家王右所作。——原注

图 38　　　　　　　　　　图 39　　　　　　　　　图 40

图 38　六角盖瓶(一对中的一只),瓶肩用模印叶边装饰,黄地绘制假山、玉兰、牡丹、梅花和孔雀图案,瓶颈以色圈内叶纹装饰,康熙素胎彩瓷,高 14.25 英寸,伦纳德·高先生收藏

图 39　柱形瓶①,紫地用绿黄色绘制一条巨大的四脚龙和云图案,康熙素胎彩瓷,高 7.875 英寸,伦纳德·高先生收藏

图 40　兽头双耳瓶,瓶身叶形凸起,带有博古徽章和男孩在玩耍的图案,瓶颈有冰裂纹和梅花图案,康熙素胎彩瓷,疑似嘉庆款,高 9.25 英寸,伦纳德·高先生收藏

图 41

黄地飞鹤荷叶碗,康熙素胎珐琅彩,底款印一个蓝色"福"字,直径 7.5 英寸,伦纳德·高先生收藏

———————————

①　该瓶侈口,颈部较短,丰肩,肩下弧线内收,颈部以下外撇,形似中国陶瓷中的"观音瓶"。——译者注

如果我们用透明的绿釉代替上面的黄釉，那我们将会说到该分支的第三种，也是最为罕见的一种——绿地彩瓷。绿地彩大花瓶极为罕见，就算是将已知的所有绿地彩大花瓶列出，制成一份完整的清单，也用不了多长时间。

　　器型较小的绿地彩瓷，如碗和餐具，虽然更常见，但也难得。绿色珐琅彩根据颜色深浅可分为浅绿色、深叶绿、黄瓜绿、苹果绿以及翠绿色。最后一种颜色用作底色时非常漂亮。在大英博物馆弗兰克斯藏品①中，有一件非常有名的绿地花瓶，该花瓶深叶绿地上留有斑斑点点，上面绘有可爱的梅花图案。索亭藏品中也有一些著名的藏品，其中的大部分已经出版②。

　　目前还没有人将茄子紫地彩瓷分类，但这种好看的颜色偶尔也会用来给小件花瓶打底或者用来装饰。比如，罗思柴尔德收藏中的一对漂亮的碗以及伦纳德·高收藏中的一件极为罕见的茄子紫地龙纹花瓶（如图39所示）就是如此。图38所示的一件浅浮雕叶纹黄地花瓶，是一对中的一只，肩部有网状绿色条纹，也就是我们所说的冰裂纹。绿色冰裂纹偶尔会用作花卉装饰背景，比如，尤摩弗帕勒斯收藏中的深碗，其上有一个奇怪的标识 G③。

---

　　① 见 R. L. 霍布森《中国陶瓷史·第2卷》（*Chinese Pottery and Porcelain；vol. II*）图版96。——原注

　　② 见 E. Gorer 和 J. F. Blacker 编著的《中国瓷器及玉石》（*Chinese Porcelain and Hard Stones*）图版27，28，36和40。——原注

　　③ 见本书第135页。——原注

第四章　釉上彩瓷

　　第二种五彩瓷是釉上五彩瓷，比素胎五彩瓷种类更丰富。釉上五彩瓷所用的色料与素胎五彩瓷是一样的，两者的不同之处在于施用方法不同，因而导致器物外观有所不同。在白釉的衬托下，色彩更加清澈、透亮，此外，在器物上使用紫罗兰蓝色料和珊瑚红色料作为底色的技法更为娴熟常见。釉上五彩瓷也不再需要通体涂上色料，装饰艺术家有更大的发挥自由，使装饰图案和白胎之间更加协调。釉上五彩绘画装饰技巧与青花瓷相似，首先是用红色或棕色彩料勾勒图案轮廓，然后用毛笔将颜色填满。虽然器物的器型和图案大致相同，但是釉上五彩瓷更多使用花、鸟、假山等特别适合进行彩绘装饰的图案。

　　殷弘绪提到，用彩绘装饰的瓷器会上一层釉，这种釉内含有较少的软化成分（石灰和草木灰），与青花瓷所使用的釉相比，更软、更透明。收藏家发现一些康熙五彩的釉色更暖，呈奶白色质地。上釉后第二次烧制容易破坏较软的釉面，因而很少看见有精致的釉下青花与彩料结合。虽然中国人从未放弃将彩料与釉下青花结合这一古老方法，但是这一方法在康熙时期精致的五彩瓷上的确很少见。由于紫蓝色彩料可以显出所需蓝色，因而这种结合已经没必要了。

　　随着时间的推移，釉上彩瓷变得独树一帜。尽管如此，每当读到与它相关的评论时还是会觉得很有趣。殷弘绪对刚出窑的五彩瓷所做出的评价很值得关注。他在 1712 年的信中写到："瓷器上的风景画几乎是将各种颜色杂糅在一起，其色泽因镀金更加光彩夺目。"他认为，如果在这方面舍得花钱，所购瓷器会非常好看，否则，这种普通瓷器与青花瓷是没法比的。另外，信中记载："有时候有人故意在第一次烧制完成后再进行彩绘，但有时进行第二次烧制是为了在不完善的部位上色，用来遮掩瓷器上的瑕疵。这种彩绘瓷器符合很多人的胃口。这类瓷器通常有一些缺陷，它们或因瓷工不太熟练所致，或是出于弥补绘画缺陷所需，再或者就是为了掩盖瓷器本身的瑕疵。"

　　我们对殷弘绪大部分的说法表示认可。我们认为，有时候某些器物所用的颜色只是为了掩盖器物表面的瑕疵。有些器物（尤其是出口的五彩瓷器）很明显过度装饰。而我们用这种瓷器装饰房间仅仅是因为彩料的颜色鲜艳而已。器物表面的不平整之处会让人的眼睛感到不适，但没有收藏家会认为这是缺陷。这些不平整之处不是因为工艺笨拙，也不是为了掩盖缺点而为之。事实上是因为玻化的彩料无法和坚硬的陶瓷釉结合——彩料中只含有很小比例的着色剂，如果不厚厚地堆叠，则不能显色。"堆垛"是明朝时期的旧说法，器物表面颜料厚重凝聚，宛若珠宝。这一工艺成就了器物的美丽和辉煌，但这样的器物不能被粗暴使用，否则器物表面突出的彩绘会不可避免受到损坏，或脱落，或因磨损而不再有光泽。

如果在1712年，好的器物只能以高价获得，我们想知道殷弘绪会怎么看待今天的陶瓷市场。在今天，即使是中等质量的釉上彩瓷也很难买到，而且价格颇高，通常要比质量相同的青花瓷贵得多；而那些更加精致的瓷器，虽然价格不像釉下彩瓷那么昂贵，但也不便宜。

五彩瓷年代测定并不是一门精确的科学，但可以通过不同类型的瓷器追溯一定的时间顺序。在清代早期为当地人烧制的瓷器中，有人发现器物表面纹饰以及色彩与明代时期的瓷器差不多。彩料使用范围比较广泛，大块施用深绿色，其次是紫罗兰蓝，镀金则很少使用。当时出口的瓷器可以通过与桌湾（Table Bay）青花瓷[1]的相似程度来识别。这两种瓷器敲击时声音清脆，装饰图案均有一排排花瓣状开光以及浅浮雕叶纹，中央绘麒麟、凤凰、优雅的仕女或风景图案，四周留开光，开光内绘花卉植物图案。

1680年后是康熙五彩的巅峰。我们也许可以推断，饰有大量锦纹且有开光装饰的花瓶和盘子以及最豪华、最昂贵的一类瓷器属于这一时期的器物。德累斯顿收藏中的大部分器物是由奥古斯特大力王在这一时期收藏的，而该收藏至今仍是学者研究康熙瓷器最好的地方。确实，能够确定年份的瓷器非常罕见，但贺璧理收藏（Hippisley[2] Collection）中有一件方形棒槌瓶[3]，留有干支纪年款识，其对应年份是1703年，上面的装饰题材是风景画，非常精致，很明显是属于顶级的五彩瓷器。

图版12至图版18[4]是康熙五彩巅峰时期的器物。图42是一件大碗，碗的外壁绘有盛开的樱花，内壁绘有鲤鱼跃龙门的图案。图45是一个方型花瓶，花瓶的四个面分别描绘琴棋书画的场景，花瓶颈部写有"寿"字。图46是一对精致的花瓶，其中一只花瓶的武侠题材有可能来自《水浒传》，另一只花瓶所描绘的场景则是民间的盛况，这两件花瓶分别属于"武瓶"和"文瓶"。图47是一个非常漂亮的盘子，上面的图案是荷花时节宫廷仕女采莲的场景，这件盘子在构图和色彩方面堪称一绝。

---

[1] 见本书第8页。——原注

[2] 贺璧理（Alfred Edward Hippisley，1848—1939），英国人，光绪初年（1876—1884）任职京沪两地海关总税务司专员，是早期收藏清代御瓷的西方鉴赏家之一。——译者注

[3] 见R. L. 霍布森《中国陶瓷史·第2卷》（*Chinese Pottery and Porcelain：vol. II*）图版104。——原注

[4] 图例参见附录1"原著图版和本书图例序号对照表"。——译者注

图 42

釉上五彩瓷碗,碗外绘假山、梅花、鸟等图案装饰,碗内为鱼跃水面和织锦边图案装饰,康熙时期瓷器,直径 13.5 英寸,伦纳德・高先生收藏

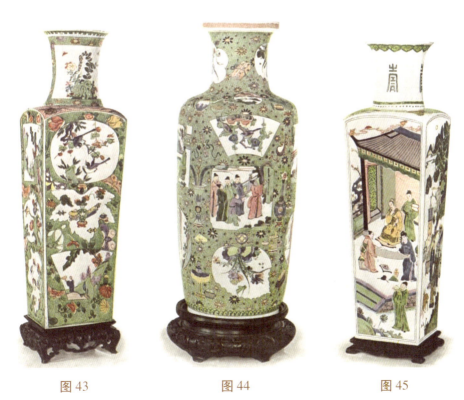

图 43   图 44   图 45

图 43   方形棒槌瓶,锦地风景、植物和徽章图案,康熙釉上五彩瓷,高 18.5 英寸,伦纳德・高先生
        收藏

图 44   卷轴瓶,类似图 43 装饰,康熙釉上五彩瓷,高 18.75 英寸,伦纳德・高先生收藏

图 45   方形棒槌瓶,装饰以琴棋书画的场景,康熙釉上五彩瓷,高 19 英寸,伦纳德・高先生收藏

图 46

一对妍妍瓶,釉上军事主题五彩装饰,康熙时期瓷器,高 30 英寸,伦纳德·高先生收藏

图 47

荷花节釉上五彩盘,康熙款,直径 20.625 英寸,伦纳德·高先生收藏

　　图48 和图49 是两件可爱的花瓶。其中一只来自罗思柴尔德收藏,鼓腹,装饰图案十分协调,且色彩艳丽。底座与寻常器物不一样,是与花瓶粘连在一起的。另一件棒槌形花瓶,来自雷金纳德·科里收藏,其五彩更加精致,表明是康熙后期的器物。这两件花瓶是五彩装饰中最典型的,图案的中心分别是鸟和仕女,且因面积较大,很吸引眼球。图50 是加斯帕德·法勒收藏中的一件大盘,画面呈现了一个有仕女和稚子的愉悦的家庭场景。该盘除了精巧的工艺外,还有一些比较有趣的细节,比如说装满鱼的大鱼缸,在栖木上晃来晃去的鹦鹉,以及预示着要下雨的蜘蛛网,而这似乎让女主人感到有趣而不是觉得厌恶。图51 所示的酒壶以及图53 和图54 所示的蒜头壶和高脚杯,彩釉质感如同宝石一般引人注目,都是属于比较好的外销瓷。这些器物展示了在白地瓷器上精美的绘图和色彩之间相得益彰的效果。

图 48　　　　　　　　　　　　　　　图 49

　　图48　花瓶,卵形修长瓶身,细颈,大理石纹茄紫底座与瓶身相粘连,五彩饰以假山、红梅花、吟唱的大鸟,瓶肩饰锦边,康熙时期器物,高11.8 英寸,安东尼·罗斯柴尔德先生收藏

　　图49　棒槌瓶,五彩装饰,瓶身绘花园中两位仕女手弹琵琶,稚子手持鹦鹉的场景,边饰有直叶纹、如意纹以及其他纹饰,底座留无字双圈底款,康熙时期器物,高 14.75 英寸,雷金纳德·科里先生收藏

图 50

　　康熙五彩盘,绘仕女及稚子的家庭场景:有人正在观赏大鱼缸内的鱼;有人环抱一件花瓶,花瓶内插一枝花;有人将孩子举高看栖木上的鹦鹉;有一小孩在看蜘蛛网。边饰为繁复的花纹,由开光隔开,开光内绘古龙图案。底足双线圈内留款识"制"。直径 21.75 英寸,加斯帕德·法勒先生收藏

图 51

图 52

图 51　五彩壶,器身留桃子状开光和叶状开光,开光内分别绘梅花绽放枝头的图案和牡丹图案,康熙时期瓷器,高 8 英寸,R.T.伍德曼先生藏

图 52　四叶式花盆,外壁五彩装饰,留有开光,开光内绘假山和花卉植物图案,开光周围饰卍字纹和六边形锦格纹,内壁边饰为釉下彩装饰,康熙时期瓷器,直径 11 英寸,沃尔特·利维夫人阁下收藏

图 53 图 54

图53　五彩瓷瓶,绘假山、花卉植物等纹样,肩部饰带状锦纹,颈部饰红梅花纹,康熙时期瓷器,留
　　　款识"G",高9.5英寸,加斯帕德·法勒先生收藏

图54　瓷杯,仿欧洲玻璃器器型,五彩装饰,器身饰花卉植物和鹅纹样,边饰为锦纹,康熙时期瓷
　　　器,高5.25英寸,W.J.霍尔特先生收藏

图 55

瓷盘,五彩装饰,器身饰绿水波涛、海马、鱼、浮标符号以及梅花纹样,足沿有凹槽,款识是蓝色叶纹,
康熙时期瓷器,直径15.625英寸,W.J.霍尔特先生收藏

还有一些器物装饰属于"锦纹"一类。开光部分周围是繁复的锦缎花纹。图 56 是伍德曼收藏中的一件棒槌形花瓶，是这类瓷器中最好的代表。器物表面彩釉极具光泽，色彩纯净，纹饰图案使用了比较受欢迎的风景主题——有鸟、假山、花卉植物等，线条流畅细腻，器物周围绿色、蓝色锦缎花纹交相辉映，显得十分华贵。图版 D① 中有一件观音瓶，颜色没有特别艳丽，一个显著的特征是大面积使用花卉纹装饰。图 43 和图 45 是两个方形棒槌瓶，其锦地占据很大一部分，图案小而多，精巧地设计成扇子、树叶、桃子、石榴等形状。浅绿色锦地带有小点或小圆圈图案，由此得来一个不太雅致的名称——青蛙卵或鱼子纹，其上以图案装饰，通常为花卉、蝴蝶，有时也有以花瓶（如图 44 所示）和博古纹图案②装饰。图 57③ 是一对豪华的带盖瓷缸，装饰风格相似，并且因为使用了紫罗兰蓝彩釉装饰变得更加夺目。顺便说一句，图 57 可以看出中国画工最喜欢的一种装饰图案，即经常出现在五彩瓷盘中心区域上的大片花卉纹，以及在盖柄及两耳处少量使用釉下蓝。在图 58 所示的一对带盖碗（上面绘有牡丹以及凤飞于天的纹样）、图 52 所示的一只精致的花盆和图 55 所示的一只盘子上，可以看到另外一种锦纹。图 55 盘子面绘有绿水波

图 56

花卉锦地釉上五彩棒槌瓶（一对中的一只），瓶身饰以岩石、植物、凤凰、海兽、潜行中的老虎、水、松鹤和博古徽章图案，瓶颈饰以风景、植物和昆虫图案，蓝色双环底款，康熙时期瓷器，高 29 英寸，R. T. 伍德曼先生收藏

---

① 原著图版 D（即图版 37）并无观音瓶，图版 30 为观音瓶，见图 139。——译者注
② 见本书第 128 页。——原注
③ 原著图版 14 和图版 14A 为同一图例，此处不做区分，统一用图 57 表示。——译者注

浪,内嵌海马、鱼等图案,这一图案因为经常出现在晚明时期的瓷器上,一直以来被误认为是明代图样。我们这里有一件很典型的康熙时期的盘子,上面就有该图样,但它同时还具有康熙瓷器的两大特点:一是带有叶状款识,二是圈足宽厚。

图 57

　　一对釉上五彩带盖瓷缸,绿籽花锦地饰以风景、花卉、博古徽章和动物图案,康熙时期瓷器,高 21.75 英寸,伦纳德·高先生收藏

图 58　　　　　　　　　　　　　　　图 59

图 58　两只带盖深碗,锦地饰以符号等,康熙釉上五彩,高 8.5 英寸,伦纳德·高先生收藏

图 59　宫廷装饰花瓶,康熙釉上五彩,高 17.25 英寸,伦纳德·高先生收藏

有一小部分锦地瓷器的特点是使用珊瑚红作为底色,在留下的花卉纹上要么留白,要么上色。图60和61所示的分别是一对花瓶和一件细长的卵形盖罐,珊瑚锦地开光,饰以花卉和博古纹章图案。图版 C① 是一对珊瑚地圆柱形盖罐,上绘有玫瑰和徽章图案。偶尔会有红色锦纹覆盖在花瓶的整个表面,但这种大块上色的方式通常令人难以接受,所以通常会使用绿色条状锦纹加以调节,如我们上述图例所示。

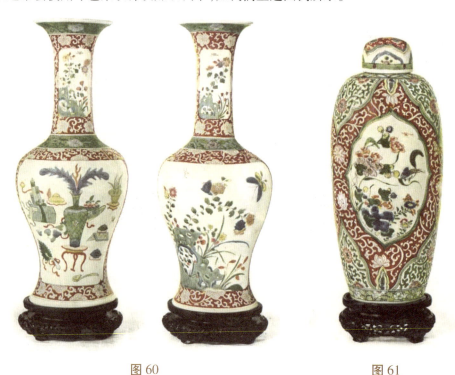

图60　　　　　　　　　　　　　　　　　图61

图60　一对花瓶,珊瑚红锦地饰以开花植物、博古彩釉图案,康熙釉上五彩,高 11. 25 英寸,伦纳德·高先生收藏

图61　扁圆卵形盖罐,康熙釉上五彩,高 10.5 英寸,伦纳德·高先生收藏

最后,在第三个时期,也就是很明显从康熙末期开始,我们发现一种与康熙五彩早期的粗犷厚重截然不同的处理方式,所绘图案更加小巧,颜色更加清新淡雅,也更加机械、精准。它们具备粉彩的风格,精致至极,但是因使用了透明绿色彩釉,做出来的效果有些女性化。典型的例子就是著名的"祝寿盘"(如图63、图65 所示),瓷器薄如蛋壳,非常漂亮,中心绘有精美的花卉图案,周围写有专门为皇帝送上的祝福(万寿无疆)。据说,这种瓷器是为庆祝康熙皇帝六十岁大寿(即1713 年)所做,但是这一说法没有任何依据,因为这种盘子同样适用于庆祝其他大寿。这种瓷器有很大可能是属于康熙末期、雍正时期甚至乾隆时期(如图66 所示)。其他器物将在后文进行描述。之后的朝代中,在一些精致

---

① 原著图版 C 即图版 33(包含本书中图 17、27 和 28),但所示器物不是盖罐。——译者注

瓷器上可以看到相同的装饰风格。

图 62

一对瓷灯笼,薄胎瓷,五彩装饰,其中一件绘孔子老子见面图,另一件绘凤凰出现在皇后及其侍从面前的场景,边饰是锦纹,康熙时期瓷器,高 8.5 英寸,安东尼·罗斯柴尔德先生收藏

图 63

祝寿盘,五彩装饰,绘桃树枝及鸟纹样,边饰留红色"万寿无疆"四字,康熙青花款识,直径 5.75 英寸,雷金纳德·科里先生收藏

图 64

图 65

图 64　扁壶，带一对古龙把手，五彩装饰，开光内绘风景图，图中有鹿、鸟、麒麟、灵芝等纹样，边饰有绿色圆点点缀以及花卉图案装饰，康熙晚期瓷器，前马奎斯藏品（ex Marquis Collection），高 6.5 英寸，沃尔特·利维夫人阁下收藏

图 65　祝寿盘，五彩装饰，道士立于敞篷双轮鹿车之上，手持仙桃和灵芝，寓意长寿，边饰留红色"万寿无疆"四字，康熙青花款识，直径 9.5 英寸，A. T. 沃尔上尉收藏

图 66

浅盘，使用细腻的五彩绘东方朔偷桃图，边饰为红色蝙蝠纹，乾隆年间印章款识，直径 6 英寸，哈维·哈登先生收藏

罗思柴尔德收藏了一对稀有的薄瓷灯笼(如图 62 所示),从色彩的精致程度上来判断,这应该属于康熙末年器物,且很难想象,这样薄如纸的瓷器是用厚重的珐琅彩进行装饰的。哈维·哈登收藏的一件盘子(如图 67 所示)和祝寿盘的造型类似,也带有康熙铭文,但是它是用更大的毛笔进行装饰的。盘内为荷花图案,荷叶繁茂、莲花盛开,并使用光滑的珐琅彩进行装饰,非常漂亮,这很明显与德累斯顿收藏的一些最是精美的器物①出自同一人之手。

图 67

瓷盘,五彩装饰,饰大片荷花和鸟纹样,边饰是锦纹,康熙青花款识,直径 10 英寸,哈维·哈登先生收藏

我们必须将利维(Levy)收藏中的一件扁壶(如图 64 所示)同样归类到康熙后期器物。这件作品的造型非常好,龙形把手灵气十足,器物的每一个面都笔触细腻,使用了与祝寿盘一样精致、光滑的珐琅,主题是风景画,一边绘有神兽(海兽),另一边绘有一对鹿、一对鸟和灵芝。边缘部分为带斑点的淡苹果绿地上绘制锦纹图案。

然而,康熙五彩已经完成了它的使命,就像康熙青花一样,五彩在粉彩流行之前就已经衰落了。但是,同样也像青花一样,五彩并没有被完全抛弃。在康熙之后的一个世纪里烧制的各式瓷器上,我们偶尔也能看见使用以前的上色技法的瓷器。然而,装饰风格的变化在康熙晚期的瓷器上就已经表现得十分明显了。玫瑰紫珐琅(起初是非常浑浊的淡紫粉色)在 18 世纪 20 年代开始出现,紧随其后出现了几款不透明彩料,先是小规模

---

① 见 Zimmermann(原著前文并未出现著者为 Zimmermann 的引用文献,译者推测此处指的是书末参考文献中的"Zimmermann E. *Chinesisches Porzellan*"。——译者注),图版 108。——原注

的,后来增势强劲。其中一种彩料是制作康熙粉彩非常重要的原料,早在 1712 年①就被景德镇用来调色。这种彩料叫砷白,是一种不透明的颜料,在绿白地瓷器上成色效果非常好。但五彩和粉彩真正的过渡时期是雍正时期,我们后面将详述粉彩的发展。

为了寻找多样性,康熙时期的陶工们尝试了将五彩料用在白釉之外其他釉上的效果。例如,大英博物馆藏的一件郎窑绿釉碗上,就可以看到这一效果。这种绿我们稍后再进行讨论。但是,如果真的像人们怀疑的那样,这是一种偶然烧制出来的颜色,是红釉被烧坏的结果,那么我们就可以这样理解,这种彩料是用来掩盖器物表面的瑕疵的。我们还怀疑,在某些特定情况下,一些粉青瓷器上使用五彩进行装饰也是出于遮瑕的目的,但是我们也发现了有些粉青瓷器使用五彩装饰并无此目的。所以我们必须学会辨认真实的装饰,即便有时这种装饰并不一定恰到好处。明亮的粉蓝色不适合作为透明珐琅的背景,会完全盖过透明珐琅的光彩。浅色南京黄釉与浅灰色开片相得益彰,但是南京黄釉在充分展现珐琅彩的价值方面无法与白釉相比。

如前面所述,五彩并没有完全被抛弃,我们仍然可以发现康熙五彩与青花相结合。这种装饰的缺点是很难保证器物在窑内复烧时不破坏青花釉色,所以陶工在这类瓷器上很少使用上好的蓝料。殷弘绪提醒我们,有缺陷的青花瓷有时候会用彩料进行掩饰,但这些应该很容易辨别,因为这种器物上的蓝色图案本应该是完整的,而彩料发色明显是复烧形成的。在真正的五彩瓷中,蓝色只是图案的一部分。这一点可以从偶然留下的几件未完成的作品中看出。在这些器物上,我们可以看出人物和花朵的轮廓依稀可见,部分使用蓝料填充,剩下的部分明显是等着使用彩料进行补全。这类器物的装饰图案通常是明代风格,但是有一大类有趣的器物,是使用这类装饰技法对其他类型图案进行装饰。

中国的伊万里瓷器可以追溯到康熙统治的后半时期,但是制作时期延续到雍正时期。事实上,我们在雍正时期御窑厂所生产的瓷器清单②中找到了镀金镀银瓷器,并且看到了“仿制日本瓷器”的文字说明,这可能就是中国伊万里瓷的例证。

还有一种非贵族瓷器,器型较大,是中国伊万里瓷的分支。这种瓷器使用红色、金色、釉下蓝进行装饰,尽管这种瓷器在色彩及风格上都类似伊万里瓷,但其设计图案很明显是来自日本。这种“红蓝一族瓷器”很明显用于出口,器型多样,包括盘子、罐子、刮胡盆以及其他的家用物品。这种瓷器生产于 18 世纪上半叶,具有一定的装饰价值,但很少有收藏价值。

---

① 据殷弘绪的描述,见卜士礼翻译的《陶说》(*Description of Chinese Pottery and Porcelain*,*being a translation of the T'ao Shuo*) 第 194 页。——原注

② 见本书第 72—74 页。——原注

第五章　康熙单色釉瓷

如果瓷器所用釉料质量一流,中国的单色釉瓷器就会精美绝伦,在收藏家中非常抢手。在宋早期,中国陶工就已经就比较擅长烧制单色釉瓷器,到了清朝更是不乏烧制单色釉瓷器的大师,烧制的单色釉瓷器颜色、数量非常多,不胜枚举。在英国,热衷收藏单色釉瓷的人一直非常少。也许是因为在英国灰蒙蒙的天空下,器物没有明暗交替,所以不能充分显现单色釉瓷色彩的美丽。英国收藏的器物,几乎都是青花或五彩瓷,基本没有单色釉瓷器。但法国人却乐在其中。18世纪法国人喜欢用单色釉瓷来装饰房间,而且为了和周围的环境和谐一致,他们委托一流的艺术家,如古提埃尔①和卡菲耶里②等人,在器物上进行镀金装饰。深蓝釉③、天蓝釉、孔雀绿釉、青釉、火焰红釉以及裂纹釉多次出现在法国人的交易目录和镀金人士的记录本中。一些口味独特的人,如蓬帕杜夫人④也赫然在购买名单之列。

因为法国人非常欣赏各种颜色釉瓷器,所以他们会在单色釉瓷器上安装精致的洛可可风格的底座。但是瓷器收藏家不同于装饰家具的爱好者,在收藏家看来,这是一种虚伪的奉承,他们更喜欢瓷器原本的器型以及釉色,不想用镀金新奇之物破坏器物本来的美感。

但没有哪个地方像美国一样如此狂热地喜欢单色釉瓷器。美国的收藏家执着于花高价拿下自己中意的单色釉瓷,因此精致的单色釉瓷源源不断地跨越大西洋来到美国。美国壁橱内收藏的颜色釉瓷器之多,没有哪本书(包括本书)能做到详尽描写。

清代单色釉瓷的巅峰时期是在1680年至1750年,也就是臧应选、年希尧、唐英在官窑担任督陶官的那段时间。虽然我们曾尝试将康熙、雍正、乾隆时期的瓷器分辨开来,但是我们很快就意识到,由于很多颜色釉瓷器在三个时期都有烧制,将它们区分开来极度困难。因为各时期器物之间的差异很微小,所以在很大程度上,鉴赏家必须通过感知器物风格、辨别器物器型、感受器物表面抛光来区分康熙和康熙之后的瓷器。

在继承明朝制瓷传统的基础上,康熙的制陶工人开始生产各式各样的单色釉瓷器,

---

① 皮埃尔·古提埃尔(Pierre Gouthière,1732—1813),法国铜鎏金大师。——译者注

② 菲利普·卡菲耶里(Philippe Caffieri,1714—1774),法国艺术家。——译者注

③ 儒勒·马萨林(Cardinal Mazarin)这一名字与一种单色釉——青釉有关,mazarine一词在英语中意为蓝色。——原注

④ 蓬帕杜夫人(Madame de Pompadour,1721年12月29日—1764年4月15日),又译蓬巴杜夫人,全名为让娜-安托瓦妮特·普瓦松,蓬帕杜女侯爵(Jeanne-Antoinette Poisson, Marquise de Pompadour)。——译者注

他们推陈出新,或在原有的单色釉瓷上做出改变和改进,或推出新的单色釉品种。

首先要说的是白釉瓷。白色按规定是皇家丧葬时使用的颜色,且由于丧葬文化在中国历史悠久,皇家使用的白瓷毫无疑问会受到民间的追捧,光就这一点而言,市场对白瓷的需求量就相当大。白瓷还用来供奉岁星①（the Year-Star）。白瓷外观简单优雅,不仅仅用于祭祀,还有广泛的用途。

因为白瓷表面无任何装饰,没有鲜艳的颜色分散人的注意力,器型和表面的缺任何陷和瑕疵都引人注目,所以烧制时要十分小心。当然,毫无疑问,想要烧制造型完美、釉面无任何瑕疵的器物,需要使用上好的黏土和瓷石。上好的白瓷薄如蛋壳,瓷坯置于轮盘上不断被修薄,薄到若隐若现,看上去似乎仅剩两层釉的程度。中国人将这种瓷器称为脱胎瓷,还有一种稍微厚一点的瓷器被称为半脱胎瓷。殷弘绪在1712年的信件②中提到,由于为皇帝烧制的器物太薄太脆弱,为防止损坏,会将其放在棉花上,并且由于手拿蘸釉不安全,必须把釉吹上去。

白瓷有很多装饰方法,装饰过后还能保留它原本的特色。这些装饰方法包括明代陶工大量使用的各种暗花装饰。暗花装饰是在湿胎或白胎上进行堆花、刻花、雕花、印花操作,这些都属于釉下装饰,透光时看效果最好。刻花有时是用针尖在软胎上扎出图案,或者通过挖去纹饰周边胎土以凸显纹饰,形成浮雕花纹。一些普通器物的胎体上,大块剔出花卉纹饰（菊花或莲花）,纹饰施釉后仍清晰可见。盘子、茶杯、茶碟等其他销往欧洲的餐具偶尔也使用这种装饰方法。但欧洲人对这种器物缺乏尊重,他们会对这种器物进行二次加工,在器物上使用彩绘装饰。

另一种装饰方法是镂空雕刻,中国人称"鬼工"（意思是陶工的技术十分高超）,是明代保留下来的一种装饰技术。这种技术通常和刻花一起使用,处理瓷胎的方式像处理象牙一样。如果所制器物用来盛装液体,则核心部分为实体,外部雕刻精细图案花孔,或以金属镶边。这一装饰方法不仅仅限于白瓷上,常会与釉下彩或釉上彩一起进行使用。偶尔,陶工为显自己技术高超,会在花瓶腰部装饰一周纹饰或者在把手上装有镂空链环。

有时候陶工会用湿毛笔刷掉白瓷表面的黏土屑,形成浅浮雕。这些浅浮雕通常和高浮雕一样不上釉,高浮雕需先分开模印,然后用泥浆将浮雕粘在器物上。但有时白瓷上的浮雕花纹又会施釉,只不过这种装饰在康熙瓷器上更罕见。

中国陶工似乎没有欧洲陶工喜欢用完全没有上釉的白瓷（通常称为素胎）,我们虽然看不到用塞弗勒素胎烧制的大雕像,但是能偶尔看到素胎白瓷佛教罗汉像以及狮子小雕

---

① 岁星在古代指木星,木星每十二年在空中绕行一周,每年移动周天的十二分之一,古人把木星所在的位置作为纪年的标准,故称岁星。——译者注

② 引自卜士礼翻译的《陶说》（*Description of Chinese Pottery and Porcelain，being a translation of the T'ao Shuo*）第211页。——原注

像。大英博物馆内有几件素胎瓷,但令人奇怪的是,上面都印有陶匠落款(江鸣皋、陈国治),而这在中国是罕见的。素瓷,雅称反瓷,意思是翻转过来的瓷器,在瓷器内部略施一层釉更会给人这样一种错觉。

当然我们不能忘了精致的奶白色瓷器。奶白色瓷器始于宋代古定窑,也就清朝所说的粉定,其胎质不透光并带粉感,类似"滑石器"①,显然这是使用了一种名叫青田石的特殊原料制成。这种原料烧制的瓷器釉泽莹润,釉面乳白,往往都有开片。同滑石一样,青天石原料烧制的瓷器非常昂贵,所以只会用来烧制小件精致的装饰性器皿,如鼻烟壶、花瓶以及文人使用的文具。在 16 世纪,有人成功仿制出宋代定窑的器物,由于明清时期仿制宋代的器型和装饰蔚然成风,因而很难加以分辨。这种瓷器在康熙、雍正、乾隆时期已极致精致,很难想象有更加精致的瓷器出现。这种瓷器在现今很罕见,极其昂贵。

从图 68 和图 71 可以看到,这两件高质量白瓷无论是器型还是抛光都是一流的。图 69 是一件定窑风格的瓷器,色调温润乳白,胎质略带粉感,有细小的开片,几乎可以确定是乾隆时期的作品。图 72 所示精致的瓷器可能属于同一时期,器型特殊,胎薄如蛋壳,釉面白若珍珠,表面有橘皮纹以及不规则红色开片。

图 68　　　　　　　　　　　图 69

图 68　精致的白瓷瓶,器型优雅,瓶身下半部分饰一周菊花花瓣纹浅浮雕,康熙时期瓷器,高 8.375
　　　　英寸,乔舒亚夫人(Mrs. Joshua)收藏

图 69　六角瓶,颈部贴塑藤蔓、松鼠,定窑奶白瓷器,有轻微开片,乾隆时期瓷器,高 7 英寸,哈维·
　　　　哈登先生收藏

---

① 见本书第 18 页。——原注

图 70 图 71

图 70 花瓶,耸肩,长颈,口沿外撇,左右兽首分别系两素胎把手,且各衔一环,宽带处刻青铜器纹
样,如兽首等,器身饰卷云纹和回纹,青绿釉瓷器,嘉庆青花款识,但属 18 世纪早期器物,高
12 英寸,哈维·哈登先生收藏

图 71 精致的白瓷瓶,器型优雅,长直颈,肩部和颈部饰蓝彩古龙浮雕装饰,成化青花款识,但属 18
世纪早期器物,高 8.5 英寸,哈维·哈登先生收藏

图 72 图 73

图 72 瓷瓶,薄胎白瓷,表面有凹凸不平橘皮釉和棕色不规则开片,乾隆时期瓷器,高 4.875 英寸,
P. 大卫先生收藏

图 73 方瓶,仿青铜器形,两把手为青蛙状,器表饰浅浮雕古龙纹,施紫青釉,表面有轻微开片,乾
隆时期瓷器,高 4 英寸,查尔斯·拉塞尔先生收藏

提到色釉,我们需要补充一下,只有少数色釉像白釉一样是在高温下烧制而成的。其他釉料,比如说硅酸铅釉只能在窑内温度合适的区域烧制,并且这些釉料施用于已经烧制好的素胎上。因此,釉料可分为两类——"高温釉"和"中温釉"。除此之外,还有一些色釉须在马弗窑内烧制,称为珐琅釉或者低温釉。中国单色釉的各式各样的颜色来自几种金属氧化物,我们将这些金属氧化物进行分类介绍。

钴料可以让釉料发色变化万千,深浅不一,其中包括大青、雾青、深天青、灰青、深或浅的蓝紫色、月白。而釉色发色主要取决于加入高温长石釉当中钴料的质量和比例。

还有一组蓝釉和普通蓝釉不同,上釉方式与青花瓷一样,用毛笔将钴料均匀涂于器物表面或者用海绵将釉料敷在器物表面,再将釉吹喷在器物表面。这种将粉末吹喷在器物表面的装饰手法,殷弘绪在其1722年的信件①中也有所描述:"至于被称为'吹青'的吹青色,需要用到最优质的青料,配制方法如前文所述。这种颜料是吹到器皿上的,若想让瓷器产生裂纹效果,可在颜料干燥后直接上一层普通的釉,或在普通釉中加一点碎釉②。"在另一处,他还解释了由于粉末非常宝贵,所以在吹釉的过程中,工匠会在器物底下铺一张大纸,回收落在纸上的颜料粉末。钴料粉末通过竹筒一端的细纱吹到器物表面,留下深蓝色斑点,这些斑点在烧制后会变成一层细密的雾状釉点。由于釉料流动性不强,所以很少会干扰釉点的发色。因而,吹青在以蓝色为底色的瓷器中是最明亮的,而不像其他颜色釉在非自然光中会变得暗淡。吹釉作为一种单色釉,可以大面积用于器物表面,中国人认识到这一点后,利用镀金窗花格来分割这种大块的蓝色,这种吹釉方法通常用作开光装饰的底色。在吹釉的时候,陶工会用纸将开光部分遮起来,以免弄脏开光部分,过后,在未上釉的素胎上用蓝彩或红彩进行装饰,或者在上完釉的器物表面用五彩进行装饰。如果开光内是五彩装饰,通常会和镀金装饰一起使用,但若开光内以青花装饰,就不经常使用镀金装饰。以粉青为底色时,偶尔用镀银代替镀金装饰。

《陶录》③中提到督陶官臧应选的专长时,就提到了吹青。吹青似乎是康熙时期始创的。然而,明代用相似的方法将白釉吹在器物表面,且很有可能使用了青釉。一些嘉庆时期的单色釉青瓷表面存在纹理,表明使用了类似吹釉的手法,但在这些器物上青料是混入釉料来使用的,所以这种器物的外观与康熙时期粉青器物在外观上有所不同④。粉青釉形成之后一直在使用。我们拥有一些雍正时期的藏品,质量很好,其中的某些类型

① 引自卜士礼翻译的《陶说》(*Description of Chinese Pottery and Porcelain,being a translation of the T'ao Shuo*)第221页。——原注
② 碎釉(裂纹釉)与各种色釉混合产生裂纹效果,但我们想不起任何与粉青裂纹釉有关的例子。——原注
③ 见儒莲所译《景德镇陶录》(*Histoire et Fabrication de la Porcelaine Chinoise*)第107页。——原注
④ 很多明代晚期瓷器上可以看出使用了不成熟的粉青釉,上面有大块而又不规则的纹理,可能是用海绵涂抹上去的。——原注

瓷器时至今日仍在烧制。但是康熙时期的粉青釉瓷，同康熙青花一样，在康熙时期达到巅峰，往后生产的器物很难与之媲美，收藏家们将其视为最珍贵的瓷器之一。粉青瓷颜色有深有浅，可吸引不同品味的人，若所用的青料质量上乘，康熙和雍正粉青瓷都值得珍藏。

英国有很多粉青釉瓷的爱好者，也有一些高质量的收藏。乔尔先生（J. B. Joel）就收藏有上千件大小不一、形态各异的瓷器，其中有一些是你能想象得到最好的瓷器，有些尺寸不同寻常。比如一件"妍妍瓶"，高达 30 厘米，饰有釉下蓝彩开光纹。利弗夫人美术馆的一个房间内藏有很多粉青釉瓷，多达四大壁橱，伦纳德·高先生也收藏了相当多的瓷器，部分如图 74 至图 76 及图版 E^① 所示。从这些器物的颜色以及表面粉质纹理可以断定，这些器物施了粉青釉，但现已几乎不可能再现这些器物上青釉的宝石般光泽以及色调之间微妙的渐变效果。上述所有瓷器都饰有开光，开光内用五彩装饰，显示这些花瓶的重要价值。图 78 所示器物，另用粉青补充装饰，这种情况比较罕见。在利弗夫人美术馆中，有一对卷轴瓶，粉青开光内五彩装饰，非常不同寻常。

图 74   图 75   图 76

图 74　棒槌瓶，带有大小开光，开光内饰以女士、小孩等图案，康熙粉青五彩瓷，伦纳德·高先生收藏

图 75　开光盖罐，开光内饰以开花植物、鸟等图案，康熙粉青五彩瓷，伦纳德·高先生收藏

图 76　棒槌瓶，带有大片开光，开光内饰以开花树木和鸟图案，康熙粉青五彩瓷，高 18 英寸，伦纳德·高先生收藏

---

① 图版 E 所示的器物（原著图版 41）见图 50，但此器物属加斯帕德·法勒先生的藏品。——译者注

图 77　　　　　　　　　　　　　图 78

图 77　葫芦壶,粉青地饰镀金折枝梅花等图样,四叶形开光和叶状开光内五彩装饰花卉植物、鸟等
　　　图案,康熙时期瓷器,高 7 英寸,W. H. 费兰德(W. H. Ferrand)先生收藏

图 78　花觚(一对中的一只),球状腹部,器身上半部分绿地饰紫红色缠枝莲花纹,下半部分绿地饰
　　　如意状垂饰,其余部分粉青地,康熙时期瓷器,高 11.75 英寸,亨利·法勒(Henry L. Farrer)
　　　先生收藏

　　陶瓷命名是出了名的不合常理。英语用 mazarin blue(深蓝)表示粉青就有些让人难
以理解。虽然儒勒·马萨林(Cardinal Mazarin)确实喜欢青色釉瓷,但他死于 1661,他喜
欢的青色釉瓷不大可能是粉青釉瓷。

　　人们在康熙中温铅釉瓷器中发现了钴蓝釉瓷器。这种瓷器胎体色调偏深紫色,与所
有的硅酸盐铅釉一样,上面覆有细微难以察觉的裂纹。漂亮的孔雀蓝釉是另一种中温颜
色釉,但这种颜色来自铜元素而非钴元素,属于另一类。

　　在含钴的矿物中,也能找到锰的身影(即含钴的锰矿石),锰是茄紫釉和茄紫彩料发
紫色和褐紫色的基础。这两种釉料属于中温釉,可以单独使用或者和其他釉料(如孔雀
绿釉、黄釉、绿釉)一起混合使用。自明代以来,孔雀绿釉和茄皮紫混合使用最受欢迎。
茄皮紫釉很厚重、不透明,表面满是釉点,通常是吹釉形成的。紫褐色釉更薄更透,也更
具光泽。但两种瓷器上都有细微的裂纹。含锰钴的原料在制作黑釉中也起着非常重要
的作用。

　　氧化铁是中国人使用的最古老、用途最广的着色剂之一。很多黏土中含有相当比例
的铁,烧后呈红色或褐色,甚至变成黑色。宋代陶工擅长将少量的含铁黏土与长石釉混
合制成漂亮的青绿釉。然而,青釉的配方在景德镇很早之前就已经使用了。殷弘绪在

1722年的信件当中记载了康熙青瓷，信中说道："我第一次看到这样以种瓷器，时下正流行，其色泽与橄榄相似，人称龙泉瓷。"①

很多漂亮的青瓷是在康熙、雍正、乾隆时期烧制的。这些时期的青瓷与古龙泉瓷在颜色上差别不大。景德镇青瓷胎体洁白，釉层更薄，宋代青瓷胎体偏灰，边缘偏棕，两者很容易区分开来。此外，这些时期的青瓷通常留有釉下青花年号款识（如图70所示）。清代陶工不仅仅将青釉当作单色釉使用，还会将其施于局部与釉下红彩或釉下蓝彩一起使用（如图9所示），或与浅黄色釉和棕色釉一起使用。蓝料上面覆盖一层青釉后，颜色沉闷、偏黑，而红料上面覆盖一层青釉后，往往能呈现出最美的颜色。18世纪法国鉴赏家最喜青瓷，至今仍不断发现很多精美的青瓷，这些青瓷上面镶有当时巴黎艺术家精心制作的青铜鎏金底座（法国古法鎏金工艺）。殷弘绪曾提到，制作裂纹青瓷时使用的一种常见配方便是在里面添加碎釉或者裂纹釉。我们经常能看见一种花瓶，一条条灰绿色裂纹露出棕色胎体，饰以狮面把手和衔环。这种裂纹花瓶就是使用了裂纹釉，但其中只有很少一部分烧制时间早于殷弘绪写信的时间。

有很多灰色、浅黄色或棕色的釉，烧后会产生裂纹，其颜色来自少量的铁或含铁的黏土。这些釉色与青瓷关系密切，都是高温瓷。其中最为独特的一类是亮棕釉，中国人称为紫金釉。紫金釉按颜色深浅，可分橄榄褐色、咖啡棕、浅金黄、南京黄，釉面偶尔会有裂纹。紫金釉外表似粉青釉，都是单色釉，紫金釉常用作开光底色，开光内用釉下蓝彩或珐琅彩进行装饰。这种开光棕釉瓷器被称为巴达维亚（Batavian）瓷器，如此命名的主要原因是，巴达维亚是印度尼西亚爪哇岛的一个贸易港口，荷兰人将瓷器从此港口进口至欧洲。开光装饰通常会在过渡时期的粉彩上使用。棕釉偶尔也会用在碗、杯的外部，而碗、杯内部则采用青花装饰或珐琅釉装饰。棕地瓷器很少用银装饰，有人认为用银装饰棕地瓷器是雍正时期②的一种新工艺，这一说法无疑是错误的，器物使用镀银装饰不合适，因为随着时间的流逝，银会变黑。

各种深浅不一的紫金釉经常施用于素胎雕刻纹饰上。同样，我们也注意到南京黄经常用作五彩装饰的底色，烧制后釉面偶尔会出现杂色，比如纽约皮特斯收藏馆（Peters Collection）的两个稀有花瓶，其中一件釉面由咖啡棕过渡到偏黑的橄榄色，另一件橄榄褐色釉面上有大块的咖啡棕斑块。

乌金釉与紫金釉同属一个小类，是通过在咖啡棕釉内加入少量不纯的钴锰矿烧出

---

① 引自卜士礼翻译的《陶说》（*Description of Chinese Pottery and Porcelain*，*being a translation of the T'ao Shuo*）第214页。龙泉，该地区宋明时期以青瓷闻名。殷弘绪在其他地方谈到，将青瓷修补成宋代风格是为了造假。——原注

② 根据殷弘绪在一封信中所述，镀银装饰首次用于康熙时期的官窑瓷器上，但这种装饰肯定也出现在康熙时期的其他器物上。——原注

的。乌金釉属于高温釉,质地坚硬,乌亮的釉面有些泛青和泛棕,又被大家称为镜面黑釉（mirror black）（如图 79 所示）。虽然乌金釉与建窑瓷器和其他宋代瓷器上厚重光亮的棕黑釉有些渊源,但真正的乌金釉瓷似乎是在康熙年间创烧的。殷弘绪说到,虽然他倾向于认为我们现在发现的很多创新步骤其实在明代就已经使用了,但是他也认为乌金釉的配制是经历过多次失败才得以完善的,他认为对这种釉料年代的测定很可能是对的。

图 79

透棕乌金釉瓶型花瓶,康熙时期瓷器,高 7 英寸,C. P. 爱伦（C. P. Allen）少校阁下收藏

舍尔策宝贵的信件①揭示了中国成功烧制高温单色釉瓷的部分秘密——用深蓝釉、青釉、紫金釉、乌金釉作涂料时,某些情况下,釉料涂层多达九层,颜色各有不同,以确保釉胎紧密、表面光滑,其中六层是吹釉吹上去的,另外三层是用毛笔刷上去的。

漂亮且表面微微闪烁棕色光泽的乌金釉很罕见,也很昂贵。同粉青釉一样,乌金釉也喜欢用镀金装饰,但是镀上的金随着时间的流逝容易消失,在器物表面只留下淡淡的痕迹,这一痕迹只有对着光才能看到。我们发现,在粉青釉瓷器和乌金釉瓷器上重新镀金很常见。另一种乌金釉比较厚重,如漆器一般,釉面看起来更柔和,但缺少光泽,表面通常会有细微的裂纹,这种乌金釉出现的时间较晚,可能在康熙之后。

① 见本书第 1 页。——原注

殷弘绪提到过使用乌金釉装饰棕地开光的瓷器。我们想不起来任何一件这样的器物，但在利弗夫人美术馆中有一件三葫芦瓶，左右各置一耳，其中一耳施乌金釉，另一耳在白釉上施了五彩釉。目前，将乌金釉用作开光底色，内用珐琅装饰的器物非常罕见。

有铁元素发生作用的另一种色釉是黄釉。我们现在所说的南京黄是高温紫金釉中色彩最淡的，通常会被认为是金棕色而不是黄色，但在某些特殊情况下更接近黄色。这一时期传统的单色黄釉属于中温硅酸盐铅釉，与茄皮紫和绿釉构成三彩。这些单色釉会用来装饰御用瓷器，其中色如蛋黄的黄釉是皇家御用釉色。将黄釉直接用在素胎上时，色调更深、偏棕；而将黄釉用在白釉上面时，色调会更浅、更清晰。黄釉、紫釉、绿釉等釉下通常留有刻花，御用瓷上也经常有五爪龙戏珠的刻花。《陶录》中提到的黄釉，是臧应选督陶时烧创的釉色之一。黄釉可分为两类，一类是鳝鱼黄，可能是将偏棕的黄色釉直接用在素胎上烧制出来的，另一种是黄斑点，这种颜色更吸引人。卜士礼认为，黄斑点釉是紫、绿、黄三色间隔混杂点染于器物表面所形成的，也就是大家所熟知的"虎皮斑"。黄斑点釉常用于御用瓷器，比如说索亭收藏中有一个盘子，其上雕刻的御用龙纹施用的就是黄斑点釉①。布林克利（Brinkley）将黄斑点釉描述为"带黄斑点的橄榄绿釉"。不得不承认，这样的描述很模糊，涵盖了所有带黄色斑点的釉。此外，彼得斯收藏中有一件罕见的花瓶，釉色土黄，带有细密的开片，釉面有深橄榄色玳瑁纹；弗兰克斯收藏中有一件带盖小壶，黄釉色调偏棕，带黑色斑点。

各种深浅不一的黄色珐琅（如樱花黄、金丝雀黄、柠檬黄和芥末黄）被用作珐琅釉。殷弘绪表示，黄色珐琅中混有铁和助熔剂，但我们知道锑元素是很多黄色珐琅显色的基础，所以很有可能中国人在使用铁的同时也使用了锑。除了五彩中的透明浅黄色外，绝大多数黄色珐琅在康熙之后才开始使用。带有裂纹的芥末黄瓷器有时被认为是康熙瓷器，但这种说法能否站得住脚仍值得怀疑。这类釉较为独特，其"苹果绿"和茶叶末裂纹是在开片彩瓷釉上罩上一层珐琅形成的，在某些情况下，黄色中明显透出一丝绿色。

氧化铁是矾红或者铁红显色的基础，在五彩珐琅装饰中占很大比例。珊瑚红釉通常不需要加入助熔剂，而是在烧制前通过加入牛胶将色釉固定在器物表面，烧制过后，釉中的二氧化硅使器物釉面变得透亮有光泽。珊瑚红在康熙瓷器中用作底色，但总是会保留白色或彩色花卉纹（如图60和图62所示）。绝大多数（如果不是全部的话）珊瑚红单色釉瓷都在康熙之后才出现，还有很多珐琅釉或多或少会和铁红混合，这些会在后面一章进行讨论。

---

① 在这种情况下，黄斑点就只不过是黄绿点一个变种。黄绿点在殷弘绪的叙述和雍正清单三个"御窑釉"中都提到过。——原注

第六章　康熙单色釉瓷(续)和复色釉瓷

氧化铜是另外一种色剂。在不同的烧制环境下,氧化铜可使釉面呈现樱桃红、桃红、褐红色,并有可能发生窑变,釉面会出现紫灰色、孔雀绿色以及色阶不同的绿色斑点。当中最有意思的颜色是各种深浅不一的红色,这些红色是釉料中的氧化铜在窑炉内充分燃烧的结果。康熙时期最为经典的红釉瓷器是郎窑红。

这也让我们想起明代宣德时期著名的祭红和宝石红。据说宝石红是将宝石粉末混以釉料制成,这种说法半真半假。烧制宝石红的秘方早在 16 世纪就已经遗失了,且其中奥秘很难再得知。直到康熙时期,一位郎姓陶工又成功烧制出这种釉色,自此以后,该釉色被命名为郎红。在有关描述景德镇瓷器的正统文献当中并未出现郎窑一词。有人认为,郎红与郎廷极和郎世宁有关,但这两种说法一直以来仅在口头相传,并无实证。郎廷极①于 1654—1656 年任江西巡抚,1656—1661 年及 1665—1668 年任江西、江南总督,说郎窑与郎廷极有关有些牵强②,但说郎窑与郎世宁有关则更不可能,郎世宁被中国人称为耶稣会兄弟,直到 1715 年才到中国。但据说,郎氏家族一直居住在当地③,所以我们只能猜测郎氏一族中有人重新烧制出明代璀璨的宝石红。

殷弘绪在 1712 年的信件中提及宝石红,并在 1722 年的信件中对釉里红做了解释,信中写道:"釉里红④是由铜矿粉和一种稍带红色的石头或卵石配制的。有一位基督教医生告诉我,这种石头是矾,可入药。把这些材料在臼中捣碎,混以童子尿和一般的瓷釉——但我未能弄清楚这些成分的具体比例,因为掌握秘诀的人绝不轻易将其外传——然后将这种混匀的釉料涂在未烧的瓷器上。需要特别注意高温烧制过程中釉不要流到瓷器底部。他们告诉我,若想烧出釉里红,瓷胎就不能用瓷石(白不子),而要用与白不子制作方法相同的一种黄色黏土混以瓷土(高岭土),所以很有可能就是因为这种特别的黏土才能烧出这样的釉色。"

---

① 作者可能将郎廷极与其堂兄郎廷佐混淆了,下面提到均为郎廷佐的履历,因此得出"说郎窑与郎廷极有关有些牵强"这一结论。——译者注

② 没有必要在此重述这一观点的原因,详见 R.L. 霍布森《中国陶瓷史·第 2 卷》(*Chinese Pottery and Porcelain*; vol. *II*)第 221 页。——原注

③ 见保罗·伯希和的《中国陶瓷史笔记》(*Notes sur l'histoire de la Céramique Chinoise*)第 54 页。——原注

④ 舍尔策用"釉里红"一词来形容釉下施红色色料,以便与牛血红区分开来。牛血红即是他自己所说的赤红。很可能是因为殷弘绪混淆了这两个术语。——原注

关于明代釉里红的记载都提到红宝石是釉的成分之一①。红宝石可能是指玛瑙，且由于其内部氧化铜含量减少，所以其作用只不过是使釉色透亮，并不能烧制出红色。这种黄色黏土与釉里红所使用的黏土一样，且据说黄色黏土的缺乏严重影响了明代嘉靖年间陶工制瓷，由于釉里红是在还原气氛下还原氧化铜，而黄色黏土内部所含的铁可以充当铜的还原剂，因而黄色黏土无疑会对该过程有所帮助。②

描述郎窑的经典外观，最好是选择一件好的器物进行参照。想象一件质量上乘的花瓶，直颈，圆球腹，通身罩有一层郎窑红釉。红釉顺流而下，口沿形成一圈均匀的白边，遇瓶肩较缓处则凝聚成牛血红，而肩部下方逐渐过渡成亮丽的樱桃红，最终垂流至瓶底足圈。近距离观察可以发现，红色部分由无数个小点形成，是釉垂流的缘故，颜色沉积在器皿表面，并没有渗透到釉内部，釉面满是气泡且表面有浅浅的裂纹，底部的釉不呈红色，而是偶尔呈浅绿色，有较深裂纹。席勒先生收藏有一件小花瓶（如图80所示），施郎窑红釉，釉面呈樱桃红，就有上述特点。

图 80

郎窑红釉花瓶，瓶身从樱桃红过渡到牛血红，瓶口和瓶底为米白色，康熙时期器物，高 4.17 英寸，F. N. 席勒先生收藏

---

① 记载中还提到宋代著名的汝窑釉中也添加了这种成分。——原注
② 诺曼·科里（Norman Collie）教授在《铜红釉专论》（*A Monograph on the Copper-red Glazes*）中讨论了这种烧制铜红的技术，见《东方陶瓷学会会刊》（1921—1922，第22页）。——原注

郎窑的制釉秘方严格保密,但似乎在康熙末年失传了①。毫无疑问,釉料保密部分是釉料的成分,康熙之后使用的釉料比之前用的釉料更硬,流动性也更差。事实也证明,后来的陶工从未成功控制釉料流动从而烧制出完美的宝石红。后世仿品虽然也能烧制出大片亮丽的红色釉,但或多或少掺杂了灰色或灰蓝色条痕,同时,由于釉不稳定且难以控制,往往会流过圈足,因此要将多余的釉磨掉。所以说,这一秘方是不可能再次被发掘的。当然,一些现代仿制的郎窑,虽然没有完全控制住釉流过足圈,但可以做到成功再现鲜艳的牛血红。

另一种相对来说少见的郎窑器物颜色偏梅红,表面釉层布满气泡,且表面有厚重的斑点。这种郎窑器物常见于器型优雅、口沿外撇的瓷碗,并且几乎每件瓷碗碗底都可以看到水绿色裂纹釉。这种绿色裂纹釉其实就是郎窑绿,有时会覆在器物表面,其红色的消失,也许是器物温度骤降所致②。大英博物馆藏有一件这样的瓷碗,已经用五彩料翻新过了。

铜红是一种非常难烧制的颜色,康熙时期陶工常常烧制失败,不过有些烧制失败的器物会得到意想不到的效果。例如,有一种颜色比较稀有,名字也富有诗意,称为"玫瑰灰"。和宝石红一样,这种釉料表面有淡淡的裂纹,略带铜红色,接近栗色。在某些情况下,窑中偶然形成的氧化气氛会导致铜红色突然变成紫色、蓝色或灰色的条痕,我们称之为窑变或者窑变效应。发生窑变的瓷器在康熙时期的陶工看来是失败品,毫无疑问会被砸烂报废。在康熙后期,陶工学会了控制窑变效果并且以生产窑变器物而自豪。殷弘绪看到过这种发生窑变的失败品,他告诉我们陶工一直在尝试烧制吹红釉。吹胭脂红釉在一些情境中引起了误解,被认为是一种粉质铁红色单色釉,属于较晚时期器物。但在这里很清楚,殷弘绪说的是,陶工在竹筒一端蒙上细纱,将铜红釉吹在器物表面,这一过程也许就能解释上文提到的红色条纹。

使用铜红釉进行釉下装饰在青花瓷那一章已经介绍了。

另一种由铜元素发生作用产生的釉色是"桃花片",非常珍贵,中国人也称之为"苹果红""苹果青""豇豆红"。豇豆是一种中国的菜豆,其表面呈粉色,深浅不一,并有棕色斑点。

从名称可以推断出"桃花片"不仅仅是指单纯的一种红色,而是由粉红色逐渐变化成猪肝红或栗色,中间有一块块橄榄绿以及赤褐色斑点点缀。有时绿色部分面积较大,且

---

① 很明显,康熙时期并没有停止尝试烧制郎窑瓷器。舍尔策在 1882 年写道:"最后一位拥有烧制铜红秘方的窑工死后,再也没有人成功烧制出铜红了(赤红或牛血红)。20 年前,御窑管理者在奏章上为自己无法成功烧制赤红釉花瓶开脱。"当然,最后一个拥有秘方的人可能是郎氏家族的一员。而在此事发生前 150 年,这人就已经去世了;而那些次等牛血红瓷器显然是在烧制赤红釉时所得到的器物。——原注

② 见诺曼·科里教授的《铜红釉专论》(*A Monograph on the Copper-red Glazes*)。一些书的作者将裂纹"苹果绿"误认为是郎窑。裂纹"苹果绿"是在灰色裂纹釉上施绿色彩料的结果。需要注意的是,这里所描述的郎窑绿是偶然烧制出来的。——原注

偶尔釉层过厚有裂纹,釉料因过厚下流至器物侧面。图 81 就是一件很好的桃花片釉瓷,特点鲜明:器物釉面很大一部分区域呈苹果绿,有赤褐色斑点及桃红色轮廓。现已证明,可以通过镀锡①烧制出桃花片,但我们没有证据证明中国人是否知道这种方法,或许他们是根据往常经验,使氧化铜在燃烧环境中发生反应,才将它成功烧制出来。

图 81

浅碗形笔洗,圆边敛口,外侧施桃花片釉,大面积绿色带有褐色斑点,内侧和基底白色,蓝色六个字底款,康熙时期器物,直径 4.6 英寸,哈维·哈登先生收藏

桃花片釉通常出现在小件器物上,如小花瓶以及书桌上的水注、笔洗(如图 81 所示)、朱砂盒等。桃花片釉还与某些特定的器型相联系。有一件器物是蜂巢形水注,也就是我们熟知的太白尊,之所以如此命名,是因为该器物器型类似于著名画作中醉酒诗人李太白所持酒壶;另有一件器物,是细长的锥形敞口花瓶,底座很小,需要一个木架支撑,否则会倾倒。在美国,刚刚提到的后一种花瓶通常称为双耳瓶,形状像细长希腊双耳瓶,但不同之处是没有一对独特的把手。这件桃花片花瓶底座施白釉,并用釉下青花小心且中规中矩地落下康熙款识。当然不用说,所留款识不仅限于康熙时期,有一些质量上乘的现代桃花片釉瓷仿品很容易使一些粗心的人上当受骗。我们见过的几件"双耳瓶"就属于这一类,这些器物颜色很好,但是胎体、釉料以及器型不如康熙精品那般精致。

我们已经注意到,釉下装饰使用的红釉釉层有时较厚,有气泡,也带有明显的桃红色,尤其是大片上色的地方更是如此。这种效果似乎是有意为之,以此表明使用了特殊的混合原料。

在氧化铜作用下产生的红釉不仅仅有宝石红釉和桃花片釉。尽管栗色釉或猪肝红釉在色彩上偶尔接近桃花片釉,但他们与宝石红釉和桃花片釉质地均不同。猪肝红并没能充分描写此类釉色的美,比如器型优美、釉色漂亮的半透明深红釉酒杯,小口鼓腹花瓶的颜色深度几乎可以郎窑媲美。但这种深红色釉使用技巧与郎窑和桃花片不同,虽然釉层偶尔较厚,有气泡,但很少有裂纹。而且这种色釉似乎更可控,色釉流动由深到浅,边沿处出

---

① 见 R. L. 霍布森《中国陶瓷史·第 2 卷》(*Chinese Pottery and Porcelain：vol. II*)第 177 页。——原注

现莹润的白釉。但如果这种釉烧制失败，颜色就会变成棕栗色或者暗猪肝色，很难看。

中温釉孔雀绿发色靠铜元素。孔雀绿釉是一种非常漂亮的釉料，虽然如今它在英国不像在巴黎一样受到欢迎，但一直受到人们的称赞。这种釉料色调变化丰富，涵盖从松石蓝到松石绿色域，偶尔两种颜色兼有。这种釉料在中国被称为翡翠、吉翠或孔雀绿，釉面经常带细小的开片，釉色越绿，开片越清晰。

要确定孔雀绿烧制年代并不容易。从明代到现在，这种釉料一直被广泛使用，因而我们只能通过器物形状及风格来判定年代。而且，很多康熙时期的孔雀绿釉瓷发色非常漂亮。这些器物虽然较为素净，但在这些器物上经常也能看见釉下刻花装饰。很多孔雀绿釉花瓶的底座边缘质地粗糙、色调泛红，可能是为了呈现这种孔雀绿效果，在胎体瓷土中掺入了一种粗糙的黏土①（可能是含铁的黏土），但是康熙瓷器似乎不存在这种混合的情况，因为康熙瓷器的胎体都很细腻。

根据《陶录》记载，在唐英管理下的御窑厂有三种非常优质的釉料，分别是蛇皮绿、斑点黄以及吉翠。吉翠色毫无疑问属于孔雀绿色的一种。翠是指翠鸟羽毛的颜色，用来形容翠蓝色，但吉字所含的确切意思不容易解释，有人猜测这个词是"翡翠"的另一种说法，也就是我们当前所说的孔雀绿。

图82是一件可爱的小瓷瓶，白胎上施有吉翠釉，由唐英督令御窑厂烧造。与之配套的是一件孔雀绿釉碗（图83），上面刻有五爪龙纹，碗口饰有波浪纹和岩石图案，底座留有康熙款识。

图82　　　　　　　　　　　　　　　图83

图82　细小开片吉翠釉花瓶，康熙时期器物，高4.4英寸，A. L.赫瑟林顿（A. L. Hetherington）先生收藏

图83　五爪龙纹吉翠绿釉碗，康熙款识，直径4.4英寸，A. T.沃尔上尉收藏

① 舍尔策告诉我们，这种特殊的素胎在当时（1882年）会施用裂纹红釉和孔雀绿釉。——原注

中温硅酸盐铅釉以及马弗窑色釉中各种深浅不一的绿色是由铜元素造成的。最为大众所熟悉的是透明绿釉，这种釉偶尔会用作单色釉，釉下可能采用了雕刻或模印装饰。绿釉通常和黄釉及紫釉一起使用，构成三彩。瓜皮绿、嫩绿中带深绿色晕。蛇皮绿釉水肥厚，釉面润泽，在《陶录》中被称为督陶官臧应选所创四大釉色之一。最后一种釉色——蛇皮绿须与普通的单色绿釉分开描写，也是最为值得推崇的。

一些用作单色釉的绿色彩料，或单独使用或与其他釉一起使用。在灰色裂纹上罩一层透明翡翠绿釉（如图84所示）会形成一种非常有名的釉色，有人不太恰当地称之为"苹果绿"。这种釉色非常漂亮，受到大家喜爱，因而有很多仿品。由于制作过程简单，所以仿品质量也相当高，尤其是当仿制者在旧的裂纹花瓶基础上进行仿制时。然而，这些仿品经常会因器物暗沉光滑的釉面而露馅，因为这是明显人为做旧的痕迹。很多高质量的绿色裂纹釉瓷是在乾隆时期烧制的，这可根据底座口沿的特点①做出判断，这些器物底座边缘的露胎部分通常有一层棕色釉。翡翠绿釉表面莹润，釉水肥厚，上面布有片片裂纹，形似蝇翅。有些收藏家认为这些"蝇翅"是其年代标志，可以用于判断是否为真品。但是，这一简单的标准并不可信，因为"蝇翅"在一些优质的现代仿品中一样会出现。

图84

苹果绿釉花瓶，石灰色开片，外罩一层略带光泽的透明绿釉，18世纪早期器物，高5.4英寸，哈维·哈登先生收藏

---

① 即为三角形口沿，而不是直线口沿。——原注

除了明亮的翡翠绿釉,还有其他深浅不一的翠绿裂纹釉,这种釉料偶尔呈现深黄色。此外,还有使用相似技法的其他半透明翠绿纹釉,包括山茶花叶、桃金娘和菠萝绿。但是这些瓷器是否烧制于雍正时期之前仍值得怀疑。此外,江苏生产①的陶器足底上也使用了类似的半透明翠绿釉,釉面莹润有光泽。

前文已经多次讲述了裂纹形成原因,对于此种现象的解释也非常充分。殷弘绪对裂纹釉的外观有非常贴切的描述:"裂纹遍布整个器物表面,如血管一般分布在四面八方。从远处看,瓷器像是已经破碎,但各个部分仍各司其职。整体看上去像是马赛克。"毫无疑问,裂纹釉最开始是无意中烧制出来的,但是中国人很快就看到其价值,因而早在宋朝,他们就已经学会了如何烧制裂纹釉瓷。

所有的陶瓷在窑内烧制时都会膨胀,为确保釉面均匀,釉料与坯的膨胀程度应该保持一致。如果釉料膨胀程度大于坯,釉面就会形成许多裂纹。中国人为确保在不损害器物的情况下做到这一点,最终找到了几种方法。第一种是尽可能将坯在太阳下暴晒至干燥,然后浸入水中。如此这般,坯在烧后就会产生裂纹。康熙时期制造裂纹比较常用的方法是另一种,殷弘绪对此曾做过描述,即将裂纹釉和普通釉料加以混合。从《陶录》中可知,裂纹釉是由"鹅卵石"或"三宝蓬的瓷石"②构成。裂纹釉单独使用时是灰白色,但与紫釉、棕釉、蓝釉等其他颜色釉混合使用时,对其实际颜色几乎没有影响。很明显,中国陶工可以很大程度上控制裂纹的大小,因为我们有时候会在同一件器物上看见不同大小的裂纹。他们同样强调,在器物表面温度仍然较高时,裂纹并未完全闭合,若使用赭石、墨水或茶汤擦拭器物表面,可以让表面裂纹线条更加清晰。在某些情况下,若擦拭料溢出裂纹,则会让整个釉面变得模糊,这种情况在最常见的褐色裂纹釉和浅黄色裂纹釉上尤为明显。我们也注意到,灰色裂纹釉是"苹果绿釉"等复合釉的基础釉料,一些浅黄色或浅棕色裂纹釉会结合青花甚至彩绘装饰。当某些器物使用青料进行装饰时,一般局部用化妆土。这种既使用裂纹釉又使用青花装饰的器物不常见,且其中的绝大多数是在康熙之后才烧制的,而现代的仿品颜色暗沉、器型笨重,敲击时发出的声音较为沉闷。

图 84 展示了裂纹釉的效果,法国人称细密裂纹釉瓷器为 truité。茄紫釉、孔雀绿釉等大多数中温釉有意烧制出来的裂纹与偶然出现的裂纹或较浅裂纹效果截然不同。

颜色釉除了用在单色釉瓷上也用在其他类型的瓷器上。蓝釉、青绿釉、铜红釉、棕釉

---

① 原著记录为 at Kashan in Kiangsu,但江苏并没读音为 Kashan 且生产陶器的地方,与此读音接近的"嘉善"也不以生产陶器闻名(而是以生产砖瓦闻名),译者认为此地名实指江苏宜兴的可能性大。——译者注

② 1882 年,舍尔策从三宝蓬获得了瓷石样本,沃格特经过分析后表示,虽然该瓷石摸起来比较光滑,但并不是我们所说的滑石。这种瓷石当中不含镁元素,是一种结晶花岗岩。舍尔策还表示,裂纹釉是吹到瓷器表面的,吹两层可以让开片更精致,而吹四层开片则会更大。——原注

等高温颜色釉偶尔会与彩绘结合，尤其是用于某些小瓷像或装饰器物上。小器物外观通常都非常现代化，但从德累斯顿收藏馆中的部分藏品可以看出，这些器物都是在康熙时期烧制的。齐默尔曼（Zimmerman）教授猜测，这些器物是由某些省级瓷厂烧制出来的。

著名的明代三彩是将绿釉、茄紫釉、黄釉、孔雀绿釉以及紫蓝釉等中温釉混合来装饰器物的，现在仍然可以见到一些明代三彩瓷器。在桃型酒壶上，经常可以看到孔雀绿釉与茄紫釉组合使用。在碗盘雕刻花纹上也会施以茄紫釉、绿釉或黄釉，形成色地对比鲜明的效果。著名的茄紫碗，上面雕刻有缠枝花卉纹，茄紫地上涂有大块的绿、白或黄釉，有时候也在绿地上刻有相同的花纹。这些碗大多带有一个不确定的青花印章款识，这种款识被称为堂名款①，通常出现在康熙时期，也有一些早于康熙时期。御用的饭碗和盘子上都刻有五爪龙纹图案，或绿地黄釉，或孔雀绿地绿釉，或黄地茄紫釉装饰。德累斯顿收藏中有一件不同寻常的瓷碗，绿地上的龙纹使用了一种近乎黑色的暗紫色釉料。我们不能将所有带有康熙款识的饭碗都认为是康熙瓷器，很多这种碗口沿处的外观具有乾隆时期的特征，可以肯定的是，这种碗是一个经久不衰的产品。

在一家更大、更复杂的瓷器公司，会在不考虑釉下装饰图案的情况下使用相同的釉料。釉料涂洒在瓷器上，或形成星星点点，或留下块状斑纹，或形成玳瑁斑状。这些带绿色、黄色、紫色以及白色斑点的釉是我们所说的"虎皮釉""豹皮釉"或"卵青釉"。这种虎皮釉偶尔出现在一些更精致的盘子上，如宫廷用瓷，但主要还是出现在一些用于出口、质量比较粗糙的瓷器上。殷弘绪对这类瓷器有一段有趣的描述②："有一种彩瓷售价比我们刚才描述的彩釉瓷低，所需材料也不需要非常精细。器物放入窑炉内烧制时未上釉，所以表面洁白无光泽。但若想要制成单色釉瓷，只需将器物浸入一个装满色釉的盆内即可。但若你想烧制彩瓷，如黄绿环③，则需采用刷釉上釉的方式，因为黄绿环分为几个开光，一部分为黄釉，一部分为绿釉，需分别施釉，除此之外，烧制后还需在鸟嘴等部位点上朱砂。然而，朱砂是不放入窑内烧的，因为朱砂在窑内烧后会消失，不能持久。器物在施完各种色釉后，会和一些还未烧制的泥坯一起放入窑内复烧，但要注意的是，烧制时需要将这些器物放置在窑内底部，因为通风口下端火势相对不那么凶猛，不会让高温烧坏颜色。"我们一眼就能看出这段话所描述的器物是动物、鸟、人、神等有趣的小瓷像以及神龛、船、岩石、岩洞等装饰图案的配釉情况，这些器物主要施绿釉和茄紫釉。我们也注意到，在没上釉的瓷器底座以及人像皮肤处有使用红色颜料的痕迹。

---

① 见本书 138—139 页。——原注

② 1722 年所写的信第 14 节，见卜士礼翻译的《陶说》（*Description of Chinese Pottery and Porcelain, being a translation of the T'ao Shuo*）。——原注

③ 参照雍正清单黄绿点瓷器和黄斑点瓷器。——原注

毫无疑问，明代也生产相似的瓷器，但产量较少，而且经过鉴定的真品①上会有非常鲜明的特点。因此，在缺少反面证据的情况下，我们有把握认为，我们讨论的这类瓷器是康熙及其之后的产品——因为殷弘绪的信件是在康熙末年写的。此外，德累斯顿收藏中有大量 1694 至 1705 年间的这类瓷器。殷弘绪对这类瓷器的评价不高，他认为这类瓷器大部分制作过于简单。有很多用在书桌上模具成型的装饰器物，采用了上述上釉方式，还有一些神像、鸟状瓷器等制作精细，上面覆有一层漂亮有光泽的釉料，非常吸引人。

这种器物上使用的釉料是一种质地更软的半透明硅酸盐铅釉，表面莹润光滑，随着时间的推移，颜色中逐渐掺有轻微的彩虹色。这种彩釉瓷器容易和马弗窑内烧制的珐琅彩瓷混淆，珐琅彩瓷也是在素坯上涂上大块珐琅釉。尽管两种器物表面有相似之处，但实际上后者明显更容易熔化，质地更软，内部含铅量更高。两者在颜色上有明显区别。与黄色珐琅相比，黄釉色彩更饱满，颜色也更偏棕色；茄紫釉颜色倾向于葡萄酒的那种红，而茄紫珐琅更粉；绿色珐琅种类更多，其中包括一种漂亮的苹果绿，而这种颜色是在颜色釉中不曾看到的。

该釉料的组成成分是燧石粉、铅、硝石以及少量前文②中提到的氧化物着色剂，有三种主要颜色（绿、黄、茄紫）和两种次要颜色（复合黑色和非纯白色）。复合黑色的形成方式是在棕黑色颜料外涂一层透明釉。据殷弘绪描述，非纯白色是由燧石粉和白色铅合成的。

图 85 至图 87 展示了一些这种类型的瓷器。图 85 为魁星瓷像，人像身后的岩石似乎是中空的，可以用来燃香，使用虎皮釉装饰，黄、绿、紫、白等色釉点染成斑块状。这个古怪人像的肉身部分全部施上茄紫色釉；而帷幔、龙纹以及底座都是黄釉装饰。所有的釉料色彩都非常艳丽，施在质地细腻的素坯上时具有玉石般的光泽。图 86 为野兽造型香炉，仿汉代青铜器，器身施绿釉，头部施黄釉，细节处施茄紫釉。图 87 是八仙之一钟离权③的瓷像，长袍施黄釉，底座施茄紫釉。还有其他进行彩绘装饰的器物，如图 88 是一件漂亮的玉兰形水注，花瓣部分呈绿白色，手柄部分茄紫色；图 89 是一件鸭形荷叶水注，其中杯子形似荷叶，外部是黄色，内部是绿色，而鸭子部分是虎皮斑釉。

---

① 见 R. L. 霍布森所著《明代陶瓷器物》（*Wares of the Ming Dynasty*）第 149 页。——原注
② 见本书第 22 页。——原注
③ 又称"汉钟离"。——译者注

图 85   图 86

图 85   魁星瓷像,立于龙鱼之上,背靠岩石,施彩釉,康熙时期瓷器,高 5.125 英寸,W. J. 霍尔特先生
         收藏

图 86   香炉,形似野兽,仿汉代青铜器器型,彩釉装饰。器身施绿釉,头部施黄釉,细节处施茄紫
         釉,康熙时期瓷器,高 6 英寸,安东尼·罗斯柴尔德先生收藏

图 87

钟离权的瓷像,彩釉装饰,道袍施黄釉,底座施紫红釉,康熙时期瓷器,高 9.75 英寸,安东尼·罗斯
柴尔德先生收藏

图 88　　　　　　　　　　　　　　　　图 89

图 88　水注,形如玉兰杯,茎叶处用作流,器身施有各种色釉,花瓣白里透绿,茎叶紫中泛黄,康熙
　　　时期瓷器,高 3.5 英寸,A. T. 沃尔上尉收藏

图 89　鸭子和莲叶造型水注,颜色釉瓷器,莲叶杯外黄内绿,鸭子杂色,莲茎形成一个导管与莲叶
　　　杯内部相通,康熙时期瓷器,高 3.25 英寸,A. T. 沃尔上尉收藏

第七章　雍正瓷器（1723—1735）

雍正作为皇太子时就对瓷器烧造表现出兴趣。他曾定制了一件"大灯"，整个灯由一个工件构成，蜡烛透过它可以照亮整个房间。除此之外，他还定制了各种瓷乐器，其中有一些甚至不可能烧制出来。皇室下令强制烧制瓷器对陶工制瓷技艺是一大考验，也给陶工带来很大麻烦，然而，这一切都发生在雍正继位前的 18 年左右时间里。在雍正继位之后，有两次非常明智的任命弥补了之前因强制下令烧造瓷器而产生的不利影响。大概在 1723 年①，雍正让年希尧督理御窑厂窑务，当时年希尧是淮安府税务官，管控着御窑厂的资金；1728 年，雍正让他的兄弟怡亲王授命唐英协助管理御窑厂。

《陶录》中提到，在年希尧督陶时期烧制的陶瓷称为"年窑"，并且年希尧的职责是选料和负责完成御瓷订单。烧制完成的彩瓷极其精致优雅，驻厂协理官每月两次解送色样至淮安府，再由年希尧送交皇帝。《陶录》中描述的器物非常精雅："琢器多卵色，圆类莹素如银，皆兼青、彩，或描锥、暗花、玲珑诸巧样，仿古创新，实基于此。"②

由此我们可以推断出，相比于在淮安管理关务，年希尧对烧制瓷器更感兴趣。并且从 1728 年开始，他得到了唐英宝贵的协助，而唐英本人亲自研究了陶瓷的整个制作过程。

从谢旻在 1729 年至 1734 年任江西巡抚期间整理出的一份御窑厂瓷器清单中，我们可以看到更多关于御用瓷器的描述。下文对清单内容进行了引用③，从中我们也可以看出雍正时期很多人的注意力放在了"仿古"上。

1. 铁骨大观釉，有月白、粉青、大绿等三种，俱仿内发宋器色泽。

2. 铁骨哥釉，有米色、粉青二种，俱仿内发旧器色泽。

3. 铜骨无纹汝釉，仿宋器猫食盆、人面洗色泽。

4. 铜骨鱼子纹汝釉，仿内发宋器色泽。

5. 白定釉，止（只）仿粉定一种，其土定未仿。

---

① 卜士礼认为年希尧直至 1726 年才受到任命，但《陶录》记录年希尧在雍正初期就已经上任。——原注

② 引自傅振伦著，孙彦整理《〈景德镇陶录〉详注》（北京书目文献出版社，1993 年），第 68 页。——译者注

③ 据原著注释（第 63 页脚注 1），此处引用卜士礼《东方陶瓷艺术》（*Oriental Ceramic Art*）第 368—390 页中的译文，卜士礼根据《江西通志》译出。本译文参照《江西通志》（高其倬、谢旻，卷一百三十五）。——译者注

6. 均(钧)釉,仿内发旧器,玫瑰紫、海棠红、茄花紫、梅子青、驴肝马肺五种外,新得深紫、米色、天蓝、窑变四种。

7. 仿宣窑霁红,有鲜红、宝石红二种。

8. 仿宣窑霁青,色泽浓红,有橘皮棕眼。

9. 仿厂官釉,有鳝鱼黄、蛇皮绿、黄斑点三种。

10. 龙泉釉,有浅、深二种。

11. 东青釉,有浅、深二种。

12. 仿米色宋釉,系从景德镇东二十里外,地名湘湖,有故宋窑址,觅得瓦砾,因仿其色泽款式。

13. 仿粉青色宋釉,其款式色泽同米色宋釉,一处觅得。

14. 仿油绿釉,系内发窑变旧器,如碧玉,光彩中斑驳古雅。

15. 炉均(钧)釉,色在广东窑与宜兴挂釉之间,而花纹流淌变化过之。

16. 欧釉,仿旧欧姓窑,有红、蓝纹二种。

17. 青点釉,仿内发广窑旧器色泽。

18. 月白釉,色微类大观釉,白泥胎,无纹,有浅、深二种。

19. 仿宣窑宝烧,有三鱼、三果、三芝、五福四种。

20. 仿龙泉宝烧,国朝(清朝)新制,有三鱼、三果、三芝、五福四种。

21. 孔雀绿釉,仿内发素翠、青点、金点三种。

22. 吹红釉。

23. 吹青釉。

24. 仿永乐窑脱胎青白锥拱等器皿。

25. 仿万历正德窑五彩器皿。

26. 仿成化窑五彩器皿。

27. 宣花黄地章器皿。

28. 法青釉,系新试配之釉,较霁青浓红深翠,无橘皮棕眼。

29. 仿西洋雕镂像生器皿,五拱(供)盘、碟、瓶、等项画之,渲染亦仿西洋笔意。

30. 仿浇黄锥绿花器皿。

31. 仿浇黄器皿,有素地、锥花二种。

32. 仿浇紫器皿,有素地、锥花二种。

33. 拱花器皿,各种釉水俱有。

34. 堆花器皿,各种釉水俱有。

35. 抹红器皿,仿旧。

36. 彩红器皿,仿旧。

37. 西洋黄色器皿。

38. 西洋紫色器皿。

39. 抹银器皿。

40. 彩水墨器皿。

41. 仿宣窑填白器皿,有厚薄大小不等。

42. 仿嘉窑青花。

43. 仿成化窑淡描青花。

44. 米色釉,与宋米色釉不同,有浅、深二种。

45. 釉里红器皿,有通用红釉绘画者,有青叶红花者。

46. 仿紫金釉,有红、黄二种。

47. 浇黄五彩器皿,此种系新试所得。

48. 仿浇绿器皿,有素地、锥花二种。

49. 洋彩器皿,本朝新仿西洋法(珐)琅画法,人物、山水、花卉、翎毛无不精细入神。

50. 拱花器皿,各种釉水俱有。

51. 西洋红色器皿。

52. 仿乌金釉,黑地白花、黑地描金二种。

53. 西洋绿色器皿。

54. 西洋乌金器皿。

55. 抹金器皿,仿东洋。

56. 描金器皿,仿东洋。

57. 描银器皿,仿东洋。

58. 厂官釉大缸,口面径三尺四五寸至四尺,高一尺七八寸至二尺,釉色有鳝鱼黄、瓜皮绿、黄绿点三种。

从这个清单中可以很明显看出,雍正时期生产大量单色釉瓷,其中很多是有意识地仿宋代和仿明代瓷器。所仿明代瓷器包括仿哥窑青釉瓷器和青灰釉瓷器,灰色裂纹釉瓷器和浅黄色裂纹釉瓷器;仿官窑淡紫色裂纹釉瓷器和月白釉瓷器;仿钧窑窑变釉瓷器。然而,这些仿品上即使没有雍正款识,也很容易同真品相区分——只需观察景德镇白瓷瓷胎即可。虽然一些仿制瓷器(包括仿官窑、哥窑瓷器)会通过在器物边沿涂上一层深红色黏土来仿制原来的深色胎,但通常很容易被识别出来。所仿定窑奶白色瓷器属于浆胎瓷器,我们在康熙白瓷中就已讨论过。明代瓷器的收藏者对精致的仿永乐白色蛋壳瓷[①]都

---

① "蛋壳瓷"亦称"脱胎瓷""薄胎瓷"。——译者注

很熟悉。上一章我们对单色釉瓷器进行了描述,包括铜红釉、吹红釉、粉青釉、乌金釉、鳝鱼黄、瓜皮绿、黄绿点,在这里也会认识很多其他单色釉。如果器物没有款识,那么康熙和雍正时期的瓷器就很难区分开来,必须依靠器型以及器物表面抛光进行区分。我们从《陶录》中赞扬唐英的一段话可知,唐英本人创烧出多种新单色釉,包括西洋紫黑釉、天蓝釉、法青釉、花釉。由此可以断定这些新单色釉是在 1728 年后才出现。著名的花釉发色来自铜元素,釉面上除了红色斑点外,还有紫、蓝、灰等条纹状色块。这些颜色在郎窑红成功烧制之前出现,被认为是烧制郎窑红失败的结果之一。现在陶工已经学会自如地烧制花釉瓷器,花釉瓷器同裂纹釉瓷器一样受市场欢迎,市场上常见一些外施花釉的青花瓷。还有一种新釉叫茶叶末,施茶叶末釉的瓷器上面偶尔会有雍正款识,棕黑色底或绿黑色底釉中泛出黄绿色晶点。这种单色釉深受美国人的欣赏,但是通常被认为是乾隆时期的瓷器。卜士礼解释,这种欧洲风格的黄釉瓷器是在瓷器表面涂了一层柠檬黄釉。柠檬黄釉是一种在马弗窑内烧制而形成的不透明彩釉。锥花、拱花是很多单色釉的基础装饰,尤其是绿釉、茄紫釉、黄釉等中温釉。清单中有一项提到了绿地雕花再施黄釉的瓷器,是一种很有名的康熙仿明代瓷器。

关于青花瓷,我们发现普通瓷器上保留了康熙时期的传统,但很明显这种瓷器过时了,并不能引起工匠过多的关注。普通青花瓷缺少康熙青花的纯粹和深邃,并且有放弃使用分水法的趋势。相反,这一时期的陶工在仿明代旧瓷器上花了大量的心血,比如仿宣德洒蓝釉瓷器,以及仿正德器,它们的特点是轮廓深,分水厚。这一清单也让我们想到了仿嘉靖的回青和仿成化粉青。此外,我们从标有款识的器物中可以看到,无论是器物的胎、釉,还是明代瓷器足沿特有的抛光,都仿制得十分精细,而且雍正时期比较精致的仿明代青花瓷和五彩瓷可以达到以假乱真的效果。另外,用来制作青花的原料“滑石”越来减少。事实也是如此,随着普通青花瓷的败落,雍正、乾隆时期的陶工似乎把注意力集中在这种精致的仿制瓷器上。

谢旻清单中“宣德风格的黄地装饰器皿”无疑是指黄地青花瓷。我们可以根据大英博物馆中一件带有宣德款识的盘子得出这一推测。这一清单有三处提到了釉下红纹饰。其中一种是釉里红纹饰,包括专门用红料绘制图案以及“绿叶红花”组合(青花和釉里红结合)。这两种类型人尽皆知,而且我们已经提到过,雍正和乾隆时期瓷器能非常成功地使用釉下红装饰。另一种釉下红纹饰就是仿宣德的宝烧,含四种纹饰,分别是三鱼、三果、三芝、五蝠(意指五福)。精致的宣德高脚杯①属于我们很熟悉的一类,三条红色鲤鱼与白地形成鲜明对比。在其他器物上也很容易看到类似的装饰。第三种釉下红是龙泉(青)釉下红,纹饰同宝石红一样。我们得知,龙泉釉下红是雍正时期创烧的一种新的釉

---

① 见 R. L. 霍布森所著《明代陶瓷器物》(*Wares of the Ming Dynasty*)图版 3。——原注

下红纹饰。我们偶然发现，青釉似乎是釉下红特别贴合的媒介，从现存的器物可见，青釉似乎可以让釉里红显色更好。例如，有一些瓷器在青地白色化妆土的衬托下，釉下蓝红图案显得异常漂亮，还有一种淡紫蓝地器物配以类似图案。这两种类型的花瓶偶尔带有老法国金铜底座。

但是最明显的变化出现在彩瓷上。雍正时期是彩瓷的一个过渡期。五彩处于末期，一种新的不透明彩釉瓷器——粉彩，正处于完善过程中。在谢旻清单中特别提到了仿明代正德和万历瓷器，这些瓷器中仍然保留着半透明珐琅彩。虽然万历时期的五彩是将青花和彩釉相结合，但是也有未使用蓝彩的"红绿"一族，以及仅用红料装饰的瓷器，这一点在清单第36点有所陈述。

成化时期的传统是将透明的浅色彩料在青花上进行绘画，或直接在已经烧好的白瓷上绘画。雍正时期烧制的这类瓷器最为有名。但这些瓷器上留下的款识是成化。所以这就给人一种感觉：雍正时期极具特色的装饰是在仿成化瓷器基础上发展起来的。雍正时期的瓷器图案是使用青花进行装饰的，且表面覆有一层层薄薄的透明彩料。图90就体现了这种独特的雍正彩绘风格。

图 90　　　　　　　　　　　　　　　　图 91

图90　盖碗，梅和鸟青花纹饰外罩一层浅色五彩釉，沿口镀金，雍正款识，直径7.5英寸，大英博物馆藏（弗兰克斯藏品）

图91　伊万里风格瓷盘，釉下蓝彩和珐琅彩装饰（包括黑色珐琅彩在内），康熙时期器物，直径11英寸，大英博物馆藏（弗兰克斯藏品）

然而，与雍正时期的粉彩瓷器相比，雍正时期其他类型的瓷器少之又少。谢旻清单中提到的欧洲彩绘指的是粉彩使用的不透明珐琅彩。粉彩也就是我们所知的软彩或洋彩。唐英在用二十图例解释制瓷过程时①对"洋彩"一词进行了解释：仿西洋人做法，用

---

① 《陶说》中含此内容。见卜士礼翻译的《陶说》（*Description of Chinese Pottery and Porcelain，being a translation of the T'ao Shuo*）第25页。——原注

五彩在白瓷上绘画。他补充到，用在瓷器上的佛郎彩与用在金属器上的佛郎彩相同。"佛郎"或"珐琅"一词既适用于景泰蓝，也适用于广东制造的珐琅彩瓷，中国人认为后者是西方的舶来品①。也许，这种说法指的是商人和传教士将法国珐琅彩带到了中国。我们知道这种新奇的东西在清朝很受欢迎。但是无论如何，它几乎不可能指欧洲瓷器或陶器，因为这个时候的欧洲瓷器在釉上彩绘方面是跟随中国而不是引领中国的。贺壁理认为，谢旻清单第 29 条提到的"欧洲风格的彩绘"也许是指将格拉迪尼（Gherardini）和卫嘉禄②等艺术家所绘图案被送至皇家工厂复刻在瓷器表面上。

康熙晚期的瓷器上发现了粉彩其中的两种颜色——玫瑰和不透明的砷白，其中玫瑰是以黄金（赤金粉）呈色。但是玫瑰发色不良、较为暗沉，因而不能让五彩更吸引人。有一种颜色是粉彩的主色调，中国人称为胭脂红，这种色调按照深浅，又可分为宝石红、玫瑰以及暗红色。粉色珐琅，包括蓝色、绿色、黄色珐琅等，都源自相同的金属氧化物——铜、钴、铁和锑的氧化物，用来给透明的五彩上色，但是粉彩珐琅大多是不透明的。并且粉彩珐琅除了一些基本色外，还有很多各种各样的混合色调。玫瑰与白色混合产生粉红色，与蓝色和白色混合产生青莲色；白色和绿色混合变成孔雀绿，普通的叶绿色会在助熔剂中增加铅含量后颜色变暗，增加钾含量后变得更蓝；绿色和黄色混合会产生一种不透明的古绿色，而在白色里面添加一点绿色，就形成了一种漂亮的淡青色，称为"月光白"。还有一些其他的混合色，比如淡紫色、法国灰、深绿色（eau de nil），其中"深绿色"可能就是谢旻清单上的西洋绿彩；五彩瓷还会涂上一层薄薄的普通铁红釉，但是会在里面加入玻璃助熔剂，形成厚重的桃红色；同样，浅棕色色料可用作康熙黑彩打底，与助熔剂混合能够形成"西洋黑"。

我们可以看出，"西洋色"有很多种，其中包括很多 1728 年后唐英所创制的釉色。但是，我们也有证据表明，粉彩料的出现远远早于 1728 年。大英博物馆内收藏有一只雍正风格的瓷碗③，外壁涂淡胭脂红釉，内壁白地上粉彩绘出精致缠枝花卉纹，留干支纪年款（青花）"又辛丑年制"，指康熙六十年，即 1721 年。因为考虑到瓷器在第一次烧制后不久就会使用彩绘装饰，所以可以推测这件瓷碗及其配套碟子的装饰时间不会晚于雍正早期。

雍正时期的景德镇五彩器皿装饰风格通常非常精细。缠枝花卉枝头盛开，大块白地上绘有飞虫鸟兽，极具艺术感，画面十分协调，将瓷器的美感发挥到极致。但是另一大类

---

① 中国人认为这些瓷器来自于卡利卡特（Calicut），也就是说，这些瓷器是从印度某一海岸进口过来的。有关具体细节，中国人没有进一步深究下去。——原注

② 卫嘉禄（Charles de Belleville，1657—1730），法国人，助理修士，1698—1707 年在中国传教。——译者注

③ 见 R. L. 霍布森编著《大英博物馆所藏远东陶瓷导览》（*A Guide to the Pottery and Porcelain of the Far East in the British Museum*）第 89 页图 127。——原注

是雍正以及乾隆早期烧制的粉彩瓷,其中绝大部分是"洋彩"。一些艺术家,会用珐琅装饰铜胎,或者用这种珐琅装饰瓷胎。在铜胎器皿和瓷胎器皿上可以看到相同的色彩和装饰图案。真正的广东瓷器,质量优质,薄如蛋壳,由景德镇供应,然后在广东由工匠专门按照外国商人的要求进行装饰。装饰图案中央通常会有一处开光,开光内纹饰一般有中国仕女、稚子、花瓶、家具、花篮、果盘,或者是岩石锦鸡、草丛鹌鹑、雄鸡、凤凰等主题(如图 92 至图 94 所示)。开光周围环绕繁复的花边,有时多达七层,其中包括方纹、菱形纹、格子纹、席纹、颜色、形状各异,环状花边偶尔有不规则开光,绘花卉或螭龙。这类瓷器种类繁多,有时用一种颜色(如蓝色)装饰,有时用黑色和金色装饰,有时器物的边装饰更为简洁,或用金边勾勒,或用单色宝石红釉装饰,有时器物的边变得繁复,用折枝花卉纹装饰。瓷盘边沿和口沿通常覆有一层宝石红釉或胭脂红釉,该器皿通常被称为"红边瓷"。此外,很多杯子、碟子、茶壶和餐桌用具都是宝石红釉地留有对称开光,开光内有珐琅彩装饰或者刻有画卷、扇子、树叶或水果等装饰图案。这些图案也大量用于各种瓶罐类器物的装饰。这些器物一般出口至欧洲,欧洲壁炉架上的一套陈设一般包括三件盖罐和两件花斛。乔尔藏品(J. B. Joel Collection)中有一件精致的器物,是一套此类陈设的一件,如图 95 所示。

图 92

图 93

图92　薄胎瓷盘,开光内有仕女、稚子、花瓶等图样,有七层边饰,广彩瓷器,雍正时期器物,直径
　　　8.125 英寸,A. T. 沃尔上尉收藏

图93　薄胎瓷盘,器身饰仕女、稚子、花瓶等图样,广彩瓷器,雍正时期器物,直径 8.375 英寸,A. T.
　　　沃尔上尉收藏

图 94　　　　　　　　　　　　　　　　　　图 95

图 94　瓷碟，器身饰花篮纹样，广彩瓷器，雍正款识，直径 4.5 英寸，查尔斯·拉塞尔先生收藏

图 95　粉彩盖罐（一套五只中的一只），彩色花卉深红地不同形状开光，开光内饰以人物主题、花卉
　　　　图案，雍正时期器物，高 17.5 英寸，J. B. 乔尔先生收藏

　　粉彩和广州瓷器作坊之间的联系人尽皆知。瓷胎珐琅器和金属胎珐琅器在图案和绘画风格上非常相似，而且有例子表明，同一艺术家的图案会出现在两种胎体的器物上。画家白石①的画作就是如此。大英博物馆藏有一件非常有名的广彩瓷器，上面留有铭文"岭南绘者"，意为广东画。另外有一件白石盘，上面留有干支款识，对应的时间是 1724 年——由于纪年款识是一种装饰，所以我们有理由认为纪年款识的时间指的是瓷盘上绘画的时间。此外，由于这件广东瓷足底上留的是青花雍正款，因而我们可以将此作为证据证明这类瓷器是雍正时期烧造的。但是，若读者因中国纪年款识具有欺骗性而不接受这一证据的话，可参考德累斯顿收藏中的藏品。大英博物馆收藏了一件广东装饰风格的坦克杯（tankard）（如图 96 所示），绘有约克和科克斯（Yorke and Cocks）盾徽图案，根据其上的纹章可以断定该器物是在 1720—1733 年间烧造的。此外，还有一件配有茶托的茶杯，粉彩装饰，上面绘有荷兰东印度公司的徽章，纪年款识是 1728 年。

---

　　① 即齐白石。——译者注

图 96

　　坦克杯,珐琅彩和少量的青花装饰,绘有广式风格的约克和科克斯盾徽和花卉图案。外壁边饰以红色和金色彩料装饰,内壁边饰以珐琅彩装饰。1720 年至 1733 年间制,高 6.125 英寸,大英博物馆藏(弗兰克斯藏品)

　　粉彩装饰同样在高温釉上开光内可以看到。巴达维亚瓷就是使用具有光泽的紫金地。有少量罕见器物是乌金地开光内粉彩装饰。利弗夫人美术馆内藏有一只乌金釉花瓶,器物上四散的纹饰采用了粉彩装饰。虽然真正使用乌金装饰的陶瓷显然量产于乾隆时期,但是上述器物也许能解释洋彩乌金属唐英首创的彩釉之一。

　　谢旻清单中的第 40 条是"彩水墨器皿"。这是一种著名的瓷器,图案是用毛笔蘸酱黑色料或棕黑色釉涂于器表,视情况使用描金技法。殷弘绪在 1722 年的书信当中说道,有人曾经尝试用中国墨水在器物上作画,但是没有成功。显然,唐英找到了一种合适的材料(干黑色料,锰为呈色剂)。雍正乾隆瓷器经常用黑和金色或红色和金色进行描边。唐英的另一个创新是以银做地,或镀银描边。在大英博物馆中的一些粉彩盘边缘可以看到前者,而在紫金釉盘上可以看到后者,但是上面的银很快就褪色变黑。齐默尔曼教授曾指出,很少在粉青瓷器上用银装饰(代替镀金)[①]。殷弘绪表示,早在 1722 年就有在紫金釉瓷上用银装饰的例子,所以很明显,唐英并不是用银装饰的首创者,他也只是首先在御用瓷器上使用镀银装饰。

　　雍正粉彩在欧洲因广东彩瓷而闻名。欧洲人收藏的瓷器大多数都是为欧洲市场制作的。其中有一些制作精巧,比如图 92 至图 94 所示的盘子,还有一些粗糙平庸,但无论如何,如果使用彩料不加限制,容易过度装饰。图 97 比较真实地反映了当时中国当地的

---

　　① 见齐默尔曼教授的《中国瓷器》(*Chinesisches Porzellan*)第 240 页。——原注

风格,盘内绘花卉植物以及蝴蝶等图案,精致的线条将几近完美的瓷器衬托得更加美丽。雍正时期艺术家最喜欢用的小技巧是在盘子背面开始作画,图案延伸至盘子表面。这类瓷盘(包括体型较大的瓷盘)与雍正时期堂名款瓷器,无论是瓷盘、瓷碗,还是花瓶,都有所不同。如图 100 和图 101 所示,器物上面的五彩装饰图案虽只保留了部分,但保留的花卉植物纹样同样非常漂亮,栩栩如生。这一装饰方式延续了不止一个朝代,在乾隆瓷器(如图 98 所示的虞美人花纹瓷碗)以及后文①讨论的古月瓷器中再现了这种装饰风格。图 102 所示的一件非同寻常的瓷盘就具有这样的装饰风格:浅刻龙纹上绘栩栩如生的鹌鹑和牡丹图案,瓷盘背部覆有一层玫瑰彩釉,中央采用镀银装饰。图 103 是一件漂亮的白瓷碗,上有五处开光,开光内是蝴蝶花卉图案,充分展现了非常娴熟的粉彩分水技法。

图 97

图 98

图 97　瓷碟、粉彩装饰,瓷盘饰牡丹花、蝴蝶图案,图案延伸至瓷碟背部,雍正款识,直径 6.25 英寸,查尔斯·拉塞尔先生收藏

图 98　瓷碗,混合珐琅彩绘虞美人图案,乾隆年间印章款识,直径 4.625 英寸,雷金纳德·科里先生收藏

图 99

锥形酒杯,使用细腻的五彩装饰,描绘了诗人李太白望庐山瀑布的场景,成化款识,18 世纪早期器物,直径 2.75 英寸,查尔斯·拉塞尔先生收藏

———————————

① 见本书第 91 页。——原注

图 100　　　　　　　　　　　　　　　　图 101

图 100　瓷杯，玻璃质地薄胎瓷，使用细腻的五彩绘牡丹和鸟图案，青花"梅花馆制"款识，乾隆时期
　　　　器物，高 2.375 英寸，查尔斯·拉塞尔先生收藏

图 101　水盂，玻璃质地薄胎瓷，使用细腻的五彩绘梅花纹样，淡紫色汉字章款识，直径 3 英寸，雷
　　　　金纳德·科里先生收藏

图 102　　　　　　　　　　　　　　　　图 103

图 102　瓷碟，内刻龙纹，粉彩装饰，绘鹌鹑及牡丹图案，广彩瓷器，留镀金开光，雍正时期器物，直
　　　　径 10.25 英寸，雷金纳德·科里先生收藏

图 103　瓷碗，粉彩装饰五处开光，开光内绘蝴蝶纹样，雍正款识，直径 5.25 英寸，雷金纳德·科里
　　　　先生收藏

第八章　乾隆瓷器（1736—1795）

　　继位之初，乾隆任命唐英接替年希尧管理淮安府税务并兼管景德镇御窑厂务。御用瓷器通过大运河运输到北京，因为淮安府位于运河边上，交通比较方便，而景德镇距离较远，不利于运输。1739 年，唐英从淮安移职九江，九江地处鄱阳湖和长江的交汇处，该地离制瓷中心景德镇要近得多。唐英任职九江关务并监理陶政至 1794 年，他在任职期间并不满足于远远看着指导工作。他在第一次进入景德镇时，就自愿做了三年学徒，同陶工一同吃住并参与制瓷工作。在所有的督陶官当中，唐英对陶瓷生产工艺最为精通，可以称得上是制瓷方面的专家。他介绍了很多新的制瓷方法，撰写和编撰了大量有关制瓷的权威著述。在 1736 年继任海关之前，为方便后任协理官管理景德镇御窑厂，他将八年任期的笔记备忘汇编成册。1743 年，乾隆命令唐英将制瓷的工艺体系和具体工艺的生产场景汇编成册①。除此之外，唐英的图录被收录到 1774 年出版的《景德镇陶录》中，卜礼士对该书进行了翻译，以供国外读者阅读。

　　《景德镇陶录》详细记载了唐英的督陶成就。文中记载："公深谙土脉火性，慎选诸料，所造俱精莹纯全。又仿肖古名窑诸器，无不媲美，仿各种名釉，无不巧合。萃工呈能，无不盛备……土则白而埴，体则厚薄惟腻。厂窑至此，集大成矣。"②我们省略了唐英所创釉色器皿部分，因为与前文所述谢旻清单有所重复，唯一一条新的条目——窑变釉，将在后文解释。我们还了解到唐英复烧龙缸、宋钧窑釉、松石绿釉和玫瑰釉的伟绩。毫无疑问，玫瑰红也就是粉彩当中的宝石红也是其首创，唐英的创新釉色大部分属于"洋彩"一类。有些读者可能有疑问，唐英在 1728 年才开始督陶工作，而且这些色釉早在 1721 年就已经使用了，怎么能说这些色釉是唐英首创的呢？答案就是，唐英将粉彩料按新配方混合创制了一些新的颜色，当然，唐英的创新只涉及御用瓷器。

　　很明显，在研究乾隆瓷器时，我们会面对大量的资料。虽然我们对这些资料不能做到像《陶录》一样简明扼要地概括，但令人欣慰的是，在前面康熙瓷器和雍正瓷器章节我们已经做了很好的铺垫。种类众多的单色釉器物中，没有几种没有出现在谢旻的清单中。清单已经充分解释了仿古器皿，这里我们只需补充一点：受皇帝影响，民间收集仿古

---

　　① 即《陶冶图说》。——译者注
　　② 引自傅振伦著，孙彦整理《〈景德镇陶录〉详注》（北京书目文献出版社，1993 年），第 68 页。——译者注

青铜器以及仿古瓷器蔚然成风,这对当时的瓷器产生了重要影响。古青铜器和玉器器型在仿古釉料瓷器中得到充分利用,中国陶瓷史上没有任何一个时期如此刻意地去仿古。

关于颜色釉,釉里红品类繁多,主要有深红色釉和猪肝红釉两种。深红色釉,看上去斑斑点点,似乎是吹在器物表面上的,而另一种"由莹亮的淡猪肝红变成鲜红的釉色"则更加稀少。更让人好奇的是,后一种通常在出现在一种特殊的酒器上——带盖罐形壶,盖有长长的尖嘴,整个器型让人想到青铜舍利塔。猪肝红釉在日本称为"toko"。据我们所知,乾隆时期并未成功烧制出郎窑红瓷器。乾隆时期在尝试烧制宝石红瓷器时,很明显没能控制釉料的流动,烧出的瓷器往往红中带紫、蓝或灰色条纹。窑变效果来源于窑内营造出的一种氧化气氛,将铜氧化产生氧化铜,而唐英的显著成就就是掌握了窑变釉的诀窍。窑变釉可以大片涂色,也可以小面积装饰,甚至可以在青花瓷上通体罩以窑变釉。还有一些釉色是乾隆时期的特色,较为难烧,比如棕绿色、茶叶末(釉面呈失透状,釉色黄绿掺杂似茶叶细末)和铁锈花釉(呈褐红色,釉面上泛起一层铁锈晶光)。据说,茶叶末釉是仅供皇室使用的一种釉料。此外,还有很多瓷器使用混合绿釉装饰,在裂纹釉上罩上一层不透明的绿色珐琅,釉色呈鼠尾草绿和山茶花叶色等。还有斑点釉,釉面斑点看上去像知更鸟蛋上的斑纹。这种斑点的产生是在不透明青绿色地上吹上玫瑰釉,所谓的"知更鸟蛋"釉属于这一类,而谢旻清单中提到的"马弗窑钧釉"很显然也属于这一类(参考图132)。

唐英在《陶冶图说》前言中特别提到两种色釉:翡翠釉和玫瑰釉。在乾隆瓷器中,我们确实发现很多可爱的翡翠釉瓷器,除了胎质呈红色、较为粗糙,以及器型不同外,这些瓷器和康熙瓷器无其他明显不同。它们的一个特点是由于陶土内含有少量铁元素,这就有助于翡翠釉发色。同时,我们还发现,一些这种质地的乾隆花瓶特别轻。

玫瑰釉很明显属于粉彩一类,在红边盘上就是如此。我们发现玫瑰釉用作单色釉时,主要用在小件脱胎花瓶上,这些脱胎花瓶表面颗粒感强且有橘皮纹。此外,深红釉中偶尔会出现星星点点的玫瑰釉,产生一种粉彩窑变的效果。

很多其他不透明粉彩料也用作单色釉。比如黄色釉当中,有质感不透明、釉面粗糙的柠檬黄①,以及开片芥末黄。蓝色釉具有法青、紫青或蓝莲花颜色。还有一种精致的吹铁红釉,比普通珊瑚红釉更厚,助熔剂含量更高,这种色釉偶尔被称为"宝石红",索亭收藏中有一件小花瓶,精致异常,施深红釉,釉色莹润。另一种不透明青绿釉,看上去和翡翠釉很相似,偶尔会用作单色釉,但通常作为底釉覆在碗的内壁以及花瓶口部和底足。在唐英的图录中,黑色珐琅被称为"水墨"。

---

① 这一时期的橘黄和硫黄色更具釉质,但后者容易开裂有光泽的斑块。——原注

乾隆单色釉中有一些精品，比如天青、深蓝、淡紫色、月光白、青绿、乌金、紫金以及各种裂纹釉。中温釉包括黄色、绿色、茄紫色和"天坛蓝"——天坛琉璃瓦和祭天所用祭器就是这种颜色。有一种深蓝釉，釉层较厚，釉色莹亮，用来装饰粉彩开光。这种深蓝色釉和粉青釉、乌金釉一样，通常镀银装饰。最后是纯白釉和不透明"浆胎"瓷，属定窑风格，施有漂亮的奶白釉。

事实上，没有什么釉面效果是乾隆陶工烧制不出来的。当他们用尽办法生产出各色单色釉后，为表现自身技艺，会仿制各种器物，如巧妙仿制青铜器，并镶金嵌银，他们还会仿制木头纹理、红漆、绿玉、青铜甚至千花玻璃，仿造效果惟妙惟肖，不细看完全看不出真假。《陶说》[①]记载："于是乎，戗金、镂银、琢石、髹漆、螺钿、竹木、匏蠡诸作，无不以陶为之，仿效而肖。"[②]

我们也许应该在这提到螺钿漆器工艺（lac burgauté）。尽管严格意义上说瓷器并不仿制漆器，但确有瓷器上涂有黑釉，将风景、人物等精致图案也巧妙地嵌入珍珠母纹饰中。这类瓷器大多可以追溯到乾隆时期，有少部分可以追溯到康熙时期。漆器对晚明时期的陶工来说并不陌生，到19世纪，在中国还偶尔能看见这种瓷器，但是中国对于这种装饰手法的运用并不像日本那么广泛。

乾隆时期的青花虽比不上康熙时期的青花，但也非常重要，唐英编写的《陶冶图说》中有三幅图记录了青花的制作过程。我们由此了解到，乾隆时期的青花钴料是从浙江山上运过来的，并且那时烧造了大量相同图案的青花瓷器供宫廷使用，不论是青料的提纯、施用，还是制瓷、分工都同康熙时期一样。唐英的描述涵盖了青花烧造的基本工艺。唐英说，如果青釉烧制过度则易变成白釉，未被釉覆盖的胎体则会变黑。偶尔会看到几件水墨彩绘的素胎瓷，我们认为这种用青料装饰的瓷器是故意不施釉的。唐英还提到一种名为"葱芽"的青料，"这种青料可以绘出非常清晰、有边界感的线条，在烧制时不会随意流动，因而会用来制作最为精致的器物"。毫无疑问，这一精美的颜料会用来装饰"滑石"瓷器，包括完全用滑石做的瓷器，以及仅在表面涂了一层滑石材料的瓷器。为便于区分，我们将后一种装饰方式称为"滑石浆"，滑石浆的好处是可用于比较大件的器具上。我们发现在很多乾隆时期纹饰精美的青白瓷上都使用了这两种装饰方式，而该时期大多数普通青白瓷上绘有青铜器纹饰或者绘有紧密繁复的缠枝花卉纹，具有明代早期瓷器的特点。此外，虽然这些普通的青白瓷主要是用来出口，但其无论在颜色还是纹饰上都与质量上乘的瓷器毫无差别。

---

① 引自卜士礼翻译的《陶说》(*Description of Chinese Pottery and Porcelain*, *being a translation of the T'ao Shuo*)第6页。—原注

② 此处引自朱琰《陶说》（商务印书馆，1936年）第2页。——译者注

另一方面,釉里红装饰在当时取得了显著的成功,陶工通过这种比较难烧制的颜色来展现自己高超的技巧。同雍正器物一样,乾隆红釉也会和青花或者青釉一起使用,即施一层青釉后,再铺上一层白色化妆土,再施一层淡青釉。

我们没必要详细讨论乾隆瓷器中使用的中温颜色釉。这些中温颜色釉不仅在乾隆以前时期使用,在乾隆时期仍继续使用。很多小型的龙纹玲珑碗,不管是在黄地上施绿釉、紫地上施黄釉,还是施以其他的组合形式,都属于乾隆瓷器,即便当中有很多留的是康熙款识。有一类瓷器所施彩釉是乾隆时期特有的①。这类瓷器通常是花瓶形状,仿青铜器纹饰,常带有一对象首耳,使用线条僵硬的浅浮雕装饰,或是在刻出图案轮廓线条后施光滑细腻的釉料,如棕黄釉、绿釉、茄紫釉、白釉以及色彩鲜艳的蓝釉,极具特色。图105所示的印章盒就是这种装饰风格。此外,在一些陶胎器上也可以看到这种装饰及这种釉色。

图 104　　　　　　　　　　　　　　　　图 105

图 104　小型香炉,外壁施深色珊瑚红釉,镀金装饰,内壁施孔雀绿釉,盖上有灵芝状把手,金色乾隆款,高 2.375 英寸,大英博物馆藏(弗兰克斯藏品)

图 105　印章盒,器身四面有孔,黄釉地饰蓝色回纹,颜色鲜艳,盒盖施黄绿色釉,上方趴卧一只狮子,乾隆时期器物,高 2.75 英寸,大英博物馆藏(弗兰克斯藏品)

乾隆初期,粉彩十分受欢迎,随着粉彩器皿种类越来越丰富,其他种类的彩瓷就日渐式微了。《陶说》作者朱琰清楚地告诉我们,在当时,"洋彩"仍然是非常重要的,书中写

---

① 见 R. L. 霍布森《中国陶瓷史·第 2 卷》(*Chinese Pottery and Porcelain*:vol. *II*)图版 124 中的图 2。——原注

道:"陶器彩画,盛于明。其大半取样于锦缎,写生、仿古,十之三四。今瓷画样十分之,则洋彩得四、写生得三、仿古二、锦缎一也。"①。事实上,"洋彩"即我们所理解的粉彩装饰,在彩绘瓷器中所占比例十有之八;且由于五彩颜料现在几乎不再使用,除了釉下蓝彩和釉下红彩以外,几乎所有的绘画装饰,无论是自然取材还是锦纹装饰,都是使用粉彩族彩料。朱琰将广式瓷器与绘有中国传统纹饰的瓷器进行了区分,如红边瓷盘就是广式瓷器的一种,其特征是明显仿制了源于国外的广州粉彩工艺。粉彩瓷的纹饰不乏取自自然题材,其中典型题材包括风景图、花卉植株、鸟兽图,还有"百花图"(法国人称"mille fleurs"),再现景观中鹿群数量的"百鹿图"②,以及"百鸟图"。锦纹经常会用作花边以及黄色和粉色地上紧密的缠枝花纹装饰,这种装饰在乾隆时期瓷胎器皿和铜胎掐丝珐琅上很常见。

粉彩前文已有详细讨论,乾隆时期的粉彩没有什么新的特点,但有一点例外,即粉彩的施用技法——乾隆粉彩在绘制纹饰时会混合不同的色调,产生西洋画不同的色阶效果。这样一来,花瓣上的色调变化、岩石假山的层次就十分清晰了。同时粉彩还注意使用了新的装饰技巧。例如,小花瓶、碗、盘子的表面通常会涂有一层不透明珐琅,有粉色、黄色、绿色、蓝色、淡紫色或灰色,与紧密的锥花凤尾纹结合。锥花凤尾纹只是偶尔出现在单色釉上,较为常见的是缠枝花卉纹、卷草纹或开光。图106所示的瓷瓶,属伊齐基尔(M. D. Ezekiel)收藏,用的就是这种装饰。索亭收藏了一只非常精致的器物,粉地彩花,且有几何纹装饰。此外,还有一类用这种方式装饰的碗,在不透明珐琅、凤尾纹等底色上饰以开光,这就是众所周知"北京碗"。"北京碗"并不是因为制于北京而得名,而是作为御用瓷器运到北京而已,其开光内图案通常是花卉、风景、人物主题,甚至有欧洲人物出现。"北京碗"在乾隆之后也还在烧制,其中一些精品上还有道光的年号。另一种形式的凤尾纹装饰经常会出现在碗和盘上,碗和盘上涂有一层泛绿的白色珐琅彩,上面刻有波浪纹。白色珐琅偶尔表面起伏不平,颜色清冷,但是用作底色时极具光泽。类似的不透明白釉用于勾勒盘子边缘花边以及碗边的花卉纹。

---

① 引自朱琰《陶说》(商务印书馆,1936年)第9页——译者注

② 取自文徵明(1470年11月28日—1559年3月28日,明代画家、书法家、文学家、鉴藏家——译者注)的晚明时期画作。——原注

图 106　　　　　　　　　　　　图 107

图 106　瓷瓶，凤尾纹粉地饰以假山、百合图案，乾隆时期器物，高 10 英寸，M. D. 伊齐基尔先生收藏

图 107　瓷瓶，黑地饰缠枝花卉图案，并罩一层透明绿色珐琅，乾隆时期器物，高 8 英寸，乔舒亚夫人收藏

图 108

　瓷碗，刻花装饰，施彩釉，黄地上饰一组白鹤、绿色云纹、岩石、波浪图案，雍正青花款识，直径 5.875 英寸，A. T. 沃尔上尉收藏

　　乾隆瓷器多采用珊瑚红或砖红色。瓷器大面积施有这种颜色,从其表面粉质纹理可以看出,这种颜色釉是吹上去的,并且会被用作开光装饰或花卉纹装饰的底色(如图109和图110所示),和很多底色一样,偶尔会镀金装饰。现在描金镀银使用得比以前更加频繁,一般用黑釉镀金和红釉镀金来装饰缠枝纹,用铜绿釉和青釉等单色釉镀金来装饰紧密的阿拉伯纹饰和缠枝纹,也经常会用有光泽的棕釉代替金装饰盘子和碗的边缘。黑釉装饰,颜色各异,深浅不一,其中比较著名的是洋乌金。洋乌金是将颜料和助熔剂混合,其施用方法同普通色釉一样。这种黑釉会和粉彩珐琅釉一起使用(如图111所示),常用作底色,在其上彩绘缠枝纹。五彩中的黑彩是由矿物黑彩料外罩一层透明绿釉形成的,乾隆时期黑彩使用得很少,通常限于用在黑地缠枝花纹装饰中,在黑白器物表面罩一层绿釉(见图107)。

图 109　　　　　　　　　　　　　图 110

图109　葫芦形瓶,金地绘红色蝙蝠,腰部绸带使用粉彩装饰,乾隆时期器物,高13.5英寸,M.D.伊
　　　　齐基尔先生收藏

图110　花瓶,珊瑚红地开光粉彩装饰,绘道士、西王母和凤凰等图案,大约1800年器物,高17.5英
　　　　寸,G.尤摩弗帕勒斯先生收藏

图 111　　　　　　　　　　　　　　图 112

图 111　上部扁平卵形瓶,绿地彩绘浅浮雕牡丹纹,刻乾隆款识,高 5 英寸,A.T.沃尔上尉收藏

图 112　瓷瓶,瓶身贴塑六个男童,孔雀绿地彩绘玫瑰花结,乾隆年间红色印章款识,高 9.5 英寸,
　　　　M.D.伊齐基尔先生收藏

图 113

八边形笔筒,粉彩装饰,乾隆款识,款识周围施孔雀绿釉,高 4.125 英寸,雷金纳德·科里先生收藏

　　我们习惯从整体上来讨论中国瓷器,但是事实上,制作方法的不同会带来很多例外。
我们确实也已经注意到了几个例外,例如"浆胎瓷"和"滑石瓷器",会为适应不同种类的
装饰而施不同种类的釉。研究一下中国的鼻烟壶,你会发现胎体和釉料的种类之多令人
惊讶。其中你一定会注意到一件暗白瓷,它色调柔和,为玻璃质地胎体。这一品种的出
现最开始是仿制一种特殊的玻璃器皿,这种玻璃器皿是北京皇家玻璃厂在一位胡姓工匠
指导下制作的。将胡字分开就是古月二字,所以胡姓师傅最终将其居所称为"古月轩"。

古月玻璃偶尔会用珐琅彩装饰,而软彩的使用让玻璃胎更加精致。据传,这种色泽柔和粉润的玻璃胎工艺品十分受皇帝喜爱,皇帝希望能在瓷胎上烧出相同的效果。唐英因此制造了玻璃质釉瓷器以满足皇帝需求①。

事实上,这种色釉材料不仅用在陶瓷上,而且还形成了一种古月风格的珐琅彩装饰,即用柔软、细致的粉彩或混合珐琅彩绘制花卉纹、人物风景图(偶尔带有欧洲风格)。这些装饰图案异常精细,色调存在明暗交替。

古月轩瓷器现今极其罕见且十分昂贵。贺壁理收藏中有一件精巧的笔筒,上面绘有竹林七贤的图案(我的书中有插图②)。伊齐基尔收藏中也有一件这样的器物。器表风景画中的深棕色岩石、花卉植物图案都是经过精心勾勒、上彩的,栩栩如生,而身着白色长袍的人物形象似乎在玻璃质地瓷器中最受欢迎。"仿古月"瓷器不仅需要仿制古月瓷器极度精细的装饰图案,还应仿制其玻璃质地。图114就能体现其特质。图114是小型瓶状花瓶,可以放置于书桌上插上一小枝花,这件器物可能是国外现存最好的。它的细节方面非常完美,胎体细腻,釉料优质。装饰图案有岩石、盛开的海棠和鸢尾以及空中盘桓的飞虫,图案线条锋利,色彩精妙。此外,整个构图画面还有一首五言绝句,盖有作者的私章,淡紫色彩绘乾隆款识。

图114

图115

图114 蒜头花瓶,暗白玻璃瓷胎,精致彩绘岩石、海棠花、鸢尾、昆虫,带两个印章的诗句,古月风格,淡紫色彩绘乾隆款识,高3.6英寸,P.大卫先生收藏

图115 锥形碗,象牙精瓷,古月风格,精致彩绘岩石、盛开的牡丹、梅花和其他植物,三头白头公羊代表着春天,空白处提一诗句两个印章,一个印章淡紫色彩绘"湘青"(音),一个印章方框内书"乾隆年制",直径5.5英寸,A. T. 沃尔上尉收藏

① 雍正、乾隆两个时期均有古月风格玻璃器。——原注
② 见R. L.霍布森《中国陶瓷史·第2卷》(*Chinese Pottery and Porcelain;vol. II*)图版125。——原注

图 116 是一件茶壶,同样也是玻璃质地白瓷,器表装饰纹样更大,但精致度并未下降。上面用彩料写有一首五言绝句,留有印章以及乾隆款识。图 100 和 101 所示瓷器的玻璃质地以及表面凸起的刻纹属于古月风格,但是其图案并不是完全意义上的古月风格彩绘。

图 116

茶壶,口沿施棕釉,仿滑石器,古月风格瓷器,器身彩绘岩石、牡丹花等纹样,并留有诗两行以及印章三个,蓝彩乾隆年间款识,直径(包含壶嘴和把手在内)7 英寸,查尔斯·拉塞尔先生收藏

另一方面,我们有一些器物的彩绘属古月风格,但其瓷器质地与玻璃没有明显关系。图 117 是一只精美的花瓶,施橘皮釉,绘有风景、牧羊女以及羊的图案,属于古月风格的瓷器。从人物姿态与表情以及整个构图可见,其装饰图案有一种非常明显的欧洲风情,这就不免让我们得出这样一种结论:这是中国对欧洲设计的一种诠释。确实有人提出这种图案①源自格拉迪尼和卫嘉禄等人,他们用欧洲的绘画线条在中国开创了一个新的画派。当然,这只是一种猜想。

如图 115 所示,沃尔收藏馆内藏有一件漂亮的瓷碗,装饰图案有三只羊(意喻春天开始,万物复苏)以及岩石花卉,属于古月风格,但该瓷器独特的象牙白极其罕见。同样,图 118 是一件笔筒,上面的花卉图案也是古月风格(高挑的人物形象与古月风格的玻璃器上的图案非常相似),是一件普通的乾隆时期瓷器。

---

① 利弗夫人画廊有一对花瓶,上面绘有一个牧羊人,美若天仙,似乎反映了欧洲田园主题风格。——原注

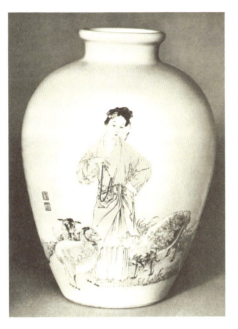

图 117

橘皮釉花瓶,器身彩绘精美的风景、牧羊女和羊图案,古月风格瓷器,乾隆时期器物,高 12.5 英寸,雷金纳德·科里先生收藏

图 118

图 119

图 118　方形笔筒,四角处有凹槽,开光内彩绘古月风格纹饰,孔雀绿地乾隆款,高 3.25 英寸,雷金纳德·科里先生收藏

图 119　笔筒,白色滑石瓷器,施橘皮釉,器身镂刻荷花和鹤纹饰,乾隆时期器物,高 3.375 英寸,A.T. 沃尔上尉收藏

整个乾隆时期都持续受古月风格的影响。在 19 世纪更为高级的珐琅彩瓷上依旧可以看到古月风格的影响。确实，诸如伊齐基尔收藏中一只道光款识瓷碗沿用了旧图案，其装饰风格与乾隆瓷器的装饰风格并无区别。事实上，我们似乎应该区分早期玻璃质地瓷器与后来出现的同类普通瓷器。

古月风格的玻璃质地瓷器不仅仅用于彩瓷。我们偶尔会看到青花水墨装饰和一种特殊的"划青"装饰①。后一种类型，我们前述已有讨论，是在瓷胎上刻上花纹，并用一点蓝色颜料进行填充，再整体施一层釉，最终呈现釉下粉青的效果。

此外，还有两种乾隆时期新创的装饰方法：镂花和玲珑。所谓镂花就是在瓷胎上镂雕出花纹（通常是紧密繁复的缠枝纹），再通体施一层淡青色釉，烧成后对光可见非常精美的淡青色镂空花纹。镂花器物通常留有乾隆年号，只有少数落款为明代宣德。然而，在明代瓷器的描述当中并没有提及这种装饰手法，很有可能镂花瓷器的明代款识是伪造的。玲珑装饰比镂花更进一步，在瓷胎上镂出形状和大小如米粒般的空洞花纹，然后在瓷胎上涂普通白釉，镂空处填入透明釉，对光可见上面图案。这种器皿还有个好听的名字——"萤火虫"。玲珑装饰通常用于青花装饰，偶然也用于彩绘装饰。玲珑瓷常留有乾隆款识，但后世也生产玲珑瓷。大英博物馆藏有一件瓷器，蓝彩刻陶工名字"王胜高"和纪年，对应的年份是 1798；另一件带有道光年间的堂名款"慎德堂"②。虽然玲珑装饰在中国是相对比较现代化的创新，但是波斯和叙利亚陶工早在 12 世纪就已经在使用了。

在镂空和浮雕的处理上，乾隆时期的陶工一点也不比他们的前辈差。你可以看到一些镂空精致的瓷灯、镂空香水盒、边缘镂空的瓷盘、镂空香花挂瓶、镂空印花堆花茶壶，以及着色自然、形似莲花的茶具。此外，圆器上模印了各种人物图案，饰有典型的乾隆珐琅彩，如置于书桌上的人、神、鸟、兽等各种各样精致的小物件，造型古怪，千姿百态。

看着那些愈加精致的乾隆瓷器，尤其是那些供皇家使用以及供鉴赏家收藏的瓷器，我们必须承认，中国陶工的制瓷技巧已经达到了巅峰。而我们能否欣赏这些完美的器皿，就像欣赏明代和康熙瓷器一样，是一个品味问题。有很多人很快厌倦粉彩柔和的色调和小巧的装饰图案，转而喜欢更加硬朗、不太繁复的早期瓷器。他们也发现，就装饰效果而言，后者更令人满意。乾隆仿古瓷器过于精致和完美，难以令人信服，且器型过于繁复，不如在轮盘上自然形成的简单恬静的造型。的确，乾隆时期的主体装饰图案异常精美，追求齐整优雅而不是大胆和随意。

但要论乾隆时期瓷器的优点，还是要基于那些面向中国消费者群体而烧制的、真正具有艺术代表性的瓷器来讨论。那些在漫长统治期间生产的面向欧洲的外销瓷则要另当别论，目前还可见到相当数量的外销瓷。这些外销瓷虽不是毫无优点，但整体上看来

---

① 见本书第 21 页。——原注
② 见本书第 135 页。——原注

是比较劣质的,而且很显然是为外国人而烧制的。外销瓷器大部分是餐具、茶具、咖啡具、潘趣碗、瓶形玫瑰水壶(配托盘)、装饰品以及花瓶。花瓶通常是成对的或是成套的。普通的套装包括两件花斛和三件盖罐或盖瓶。盖罐器型通常是瘦长鼓腹,呈椭圆形,偶呈方形或扁平状,盖子带狮子形盖柄。

　　所谓的"官瓷"就属于这一类。"官瓷"与"官窑"瓷器毫不相干,之所以如此命名是因为这类瓷器的装饰图案中经常会出现身着马褂的人物形象。官瓷开光内采用青花和彩料进行绘制,同时大胆结合粉色和珊瑚红;开光外为蓝、白、粉色网格和描金卷纹复合图案,带有小花卉和团花装饰,团花内饰以粉、红、黑彩绘的风景简图,以及鸟在枝头和鲜花盛开的场景(如图 120 所示)。有一些官瓷是由薄胎瓷制作而成,有一些则是使用了当时流行的块状"橙皮釉"。而一般来说,器物本身没有多大的差异。

图 120

　　扁平卵形瓷瓶,中式彩绘风格,镀金羽毛状开光内绘人物主题、风景图案,并饰红色、棕色、金色席纹以及彩色风景小插画等,乾隆时期器物,高 26 英寸,O. M. 多尔顿先生收藏

　　有一件类似但没那么精致的瓷器也有相似的花边,开光内布满了玫瑰缠枝纹或者其他粉色、红色花卉纹,非常具有欧式风格。18 世纪晚期洛斯托夫特(Lowestoft)和纽荷尔(New Hall)等地制作的小型英式瓷器上,就出现了类似的花卉图案。事实上,由于欧洲瓷器和中国瓷器在装饰图案方面差距不大,所以很难说是这类的中国瓷器受到欧洲的影响还是欧洲的瓷器受到中国的影响。关于这一点,我们将在另一章节详述。

　　在乾隆晚期出口的瓷器中,最常见的是茶商带回的潘趣碗和花瓶。这些瓷器通常都是中式装饰风格,但有时在开光内填绘的是欧洲人而不是中国人。

这些官瓷在今天的中国还能否找到值得怀疑。它们并不符合中国人的口味,很有可能都是用来出口的。这些官瓷生产于 18 世纪后半叶,在对外贸易中取代了 18 世纪早期的"红蓝"一类瓷器。在今天的欧洲,人们很容易收藏到这两种类型的瓷器,尽管它们并未代表中国陶工的最高技艺,但依旧是欧洲人所珍视的装饰品。

第九章　19 世纪瓷器

　　嘉庆时期陶艺进步并不是很明显。陶工一定程度上保留了乾隆时期的制陶水平,但这门技术在经过成熟期后没有任何发展的情况下,肯定会走向衰落。如果没有器物款识,想要将嘉庆时期烧制瓷器与清朝嘉庆之前烧制的瓷器区分开来是非常困难的。我们可以列出一长串具有款识的瓷器器物,如彩釉龙纹碗、北京碗、五彩花瓶、茶末釉瓷以及玲珑瓷器等,这些在上一章中有所叙述,此处不赘。大英博物馆内有几件年代久远的瓷器属于这个时期。其中两件是普通青花瓷,一件为厚重的砖红色地上饰彩绘团花图案,另一件外壁颜色相同,内壁饰棕黑色斑点纹。同一收藏系列中有一个扁平的圆形盒子,绘有青花卷草纹,外加镀金装饰。卜士礼①认为这种风格属于嘉庆时期。至于陶瓷的其他方面,我们不妨把嘉庆时期看作是乾隆时期的延伸。

　　道光时期的宫廷器物还具有收藏价值,还有一些极具特色的器物值得欣赏。例如,北京团花碗,质量一流,与那些在内壁留有青花图案的前朝瓷器大不相同。这个时期的珐琅彩装饰将透明釉料和半透明釉料精心混合使用,极具特色。这种混合珐琅料,虽然使用体积不大,但处理需特别精细,有一些道光时期的玲珑瓷碗就是采用了这一装饰方法,一点都不逊色于乾隆时期的藏品。在所有使用过的颜色中,有人注意到一种薄而有光泽的水绿釉,这种釉料在一些描绘水的部位广泛使用。这种釉料也会出现在一种特殊的瓷器上,其烧制年代也一直是人们讨论的话题。现存的这种瓷器类型非常多,包括碗、碟形盘,但有可能属于一两次订购的皇家用瓷。这些瓷器表面浅刻皇室专用的五爪龙云间戏珠图案,光亮青白地上用绿、黄、茄紫色薄层釉料彩绘硕大果实和枝叶。虽然这些瓷器款识通常是康熙年间,但其中很大一部分更像是属于道光年间的器物。乔舒亚收藏中(图121)有一件藏品带有不同寻常的款识——"储秀宫制",这很明显是一个堂名款。

---

　　① 见卜士礼所著《东方陶瓷艺术》(*Oriental Ceramic Art*)第 464 页。——原注

图 121   图 122

图 121　瓷盘，刻有龙纹和花边，器身上釉彩装饰假山及花卉植物图案，青花"储秀宫制"款识，19世纪早期器物，直径 25.5 英寸，乔舒亚夫人收藏

图 122　碗，使用细腻的五彩装饰道士和徽章纹样，桃子内刻有"寿"字，19世纪早期器物，直径 9 英寸，雷金纳德·科里先生收藏

　　堂名款①通常出现在 19 世纪的陶瓷器物上，其中一部分很明显指的是皇家楼阁或大厅名，还有一些指的是生产者或绘制者的瓷坊名。一个比较经典有名的款识是"慎德堂"。这一款识出现在各类瓷器上，包括一些质量很高的瓷器，如大英博物馆中藏有一件使用混合珐琅彩精心绘制的碗，以及一件不透明紫蓝色地彩绘龙纹花瓶（如图 123 和图 124 所示）。大卫收藏中有一件黑漆装饰的碗，该碗的器型和抛光是明代风格，但其漆器装饰很具现代风格。其他器物显示，这家作坊的特点就是制作仿制古瓷器。比如大英博物馆中的两件器物，其中一件是青花碗，胎体、釉料、装饰等都完美复刻了明代瓷器，另一件是一个盘子②，仿制了明代晚期"红绿族"风格和色彩，如果不是留有款识"慎德堂仿古制"，很容易被误认为是明代真品。这件盘子具有康熙瓷器上常见的凹槽边，且由于该盘子质量很好，因而人们坚定地认为这个款识是康熙时期的。然而，同一款识的其他瓷器很明显有道光时期的特点，这一点在贺壁理收藏中的一件器物上得到证实，因为该器物上留有道光皇帝写的一首诗。

---

　　① 见本书第 134—135 页。——原注

　　② 见 R. L. 霍布森编著《大英博物馆所藏远东陶瓷》（*A Guide to the Pottery and Porcelain of the Far East*）图 154。——原注

— 98 —

图 123   图 124

图 123　花瓶,不透明珐琅装饰,紫青地彩绘龙纹四只、珍珠纹、云纹,内壁施孔雀绿珐琅,底座边沿处镀金。红色"慎德堂制"款识,道光时期器物,高 8.5 英寸,大英博物馆藏(弗兰克斯藏品)

图 124　"开光碗①",内壁青花装饰,外壁粉彩装饰,蓝釉凤尾纹地彩绘云卷纹和四处开光,开光内绘牛郎织女的故事,前方开光所绘便是织女过鹊桥图,道光年间款识,直径 5.75 英寸,大英博物馆藏(弗兰克斯藏品)

其他道光彩瓷延续了雍正时期釉下青花装饰,还有一些瓷器,使用青绿釉进行粉彩装饰,并留有年代款识。当然,这一时期仍在烧制青花瓷和单色釉瓷,但没有什么值得注意的特点。这些瓷器上通常涂有一层不透明蓝绿色釉、黄釉或红釉(有时直接涂在素胎上),并且由于器物上留有制作者的名字②,因而这些瓷器很有可能是私人瓷厂的作品。除此之外,该时期生产的鼻烟壶质量一流,我们将另文详述。

1864 年总督李鸿章重建皇窑。同年,朝廷拟定了一份御供瓷器清单。尽管这一清单大部分瓷器取自历朝历代的器物,但我们从中可以加深对中国器物器型和纹饰的了解。我们唯一担心的是,这一清单会引起人们对同治时期瓷器的过高期望,因为有同治年代款的器物大多质量较差。

同治三年(1864 年)大运瓷器名单③:

1. 钧杏元双管

---

①　原著英文为"MEDALLION BOWL",medallion 一般译为"团花",但对比器物图发现,该碗更接近"开光(panel)"装饰。——译者注

②　王炳荣和王佐廷,见本书第 135 页。——原注

③　译文参考汪庆正主编《中国陶瓷全集·第 15 卷·清(下)》(上海人民美术出版社,1999 年)第 16—18 页。——译者注

2. 仿哥釉四方杏元双管瓶

3. 仿哥釉八卦纹琮式瓶

4. 祭红釉玉壶春瓶

5. 青花凸线纹玉壶春瓶

6. 青花芭蕉栏杆玉壶春瓶

7. 花厂官釉太极纸槌瓶("太极"象征阴阳)

8. 四方太平有象瓶(方瓶,两耳为象形,象寓意"太平有象")

9. 紫釉龙纹中碗

10. 祭红釉中碗

11. 青西莲大碗

12. 青西莲五寸盘

13. 青云鹤八卦中碗

14. 五彩水仙花酒盅

15. 红龙酒盅

16. 青双龙尺四大盘

17. 黄釉龙纹汤碗

18. 黄釉暗龙纹中深碗

19. 黄釉茶盅

20. 黄釉暗龙纹中碗

21. 青三果纹中碗(三果为桃、石榴和佛手)

22. 黄釉撇口龙纹汤碗

23. 青双龙六寸碗

24. 青蚕纹寿字十寸盘

25. 青木樨花茶盅

26. 五彩莲纹中碗

27. 红地白花竹纹茶盅

28. 青三友人物六寸盘("三友"为松、竹、梅,也可指孔子、佛陀与老子,一般为三人同看画轴或站立交谈)

29. 青双龙茶盘

30. 五彩暗水绿龙六寸盘

31. 青夔凤十寸盘(鸟形纹,如青铜器花纹一样,呈卷纹样式)

32. 蓝地黄云龙九寸盘

33. 白地宝石红釉(宝烧)凤纹团花中碗

34. 蓝地黄云龙茶盅

35. 祭红釉六寸盘

36. 霁青中碗

37. 霁红九寸盘

38. 紫金釉汤碗

39. 冬青釉红花凤纹团花中碗

40. 五彩蚕纹如意九寸盘

41. 五彩鸳鸯莲花茶盅

42. 霁青茶碗

43. 五彩八宝纹茶碗(暗八仙①)

44. 红水纹青八仙大碗

45. 里青花外五彩莲花中碗

46. 八吉祥碗(八吉祥)

47. 黄釉绿花瓷碗

48. 黄釉紫绿龙纹五寸盘

49. 黄釉紫绿花

50. 绿釉四号汤碗

51. 云凤五寸盘

52. 五彩龙凤穿花中碗

53. 黄釉紫绿龙纹四寸碟

54. 五彩八吉祥穿花九寸盘

55. 五彩夔凤穿花纹大碗

对于光绪和宣统时期的瓷器,收藏家要做的事是尽量避开它们。这两个时期的瓷器尽管伪造了康熙和乾隆的款识,但大多时候其劣质的材料和装饰图案让人一眼就能识破。不过,也有一些精致的陶瓷让收藏家踌躇,比如,一些较好的墨地五彩瓷器、素胎珐琅瓷器,以及一些宝石蓝、桃花粉和苹果绿瓷器。1882年,法国领事舍尔策考察景德镇后的书信曾提到,御窑瓷器的原料精心制作,质量优良,装饰图案是由最为熟练的工匠完成的,"每一件从御窑厂生产出来的瓷器都是为皇室量身打造,并且我相信即使是最有经验的专家,想要找到两件器物之间的细微差距也是非常困难的。比如,黄地绿纹龙碗和黄

---

① 见本书第129页。——原注

地紫纹龙碗,前者产于200年前,而后者新鲜出窑,如果不看款识很难将两者区分开来"。舍尔策说到,有一个郝姓人家专门仿制宝石红釉,但烧制釉料往往太厚,且发色不均。于是他们采用相对较粗糙的瓷胎,但很明显没法控制釉料流向足沿。他将这种瓷蓝釉、乌金釉器称为"滚红",用来区别郎窑的赤红,很明显指的是窑变红。除了烧制孔雀绿、青釉、紫金釉、深蓝釉、裂纹釉等单色釉瓷外,这个时期还烧制釉下蓝红色瓷器以及滑石瓷。由此可以看出,19世纪末景德镇陶工重拾了某些仿古瓷技艺,但是采用仿古图案、带有前朝款识(大多数是康熙款识)的普通贸易瓷器甚至连新手都可以识别。

收藏家有意愿收藏的是少数几件留有大雅斋款识①的瓷器。大雅斋是供慈禧皇太后绘画习字的画室。这些瓷器通常是用混合珐琅彩精心绘画装饰,并具有一些其他优点。另一件值得关注的瓷器在《鉴赏家》②中有所描述。很明显这是袁世凯打算篡取皇位时下令烧制的,其中有一些瓷器带有弘治年号。早在1916年,袁世凯就接管了景德镇的御窑厂,并下令在此烧制瓷器仅供自己所用。一些陶瓷器物在《鉴赏家》一书中有所展示。这些器物使用彩绘装饰,具有清朝晚期御窑风格,并在底座和内部口沿都留有一抹蓝绿色珐琅料,款识各式各样,有年号、"官"字以及堂名"聚仁堂制"等。

收藏爱好者通常会留有一小块地方存放鼻烟壶,的确,有些收藏家对精巧的小物件情有独钟。因为鼻烟壶的烧制并不局限于某个特定时期,所以我们把这个话题留到本章节最后。

自中世纪以来,中国就开始烧制用来装药和颜料的小罐,早期有人将此称为药瓶。但事实上鼻烟壶始于清朝,且很难找到18世纪前生产的鼻烟壶样品。有人提出,烟草从1530年开始从菲律宾传入中国。我们并不知道从什么时候起中国人开始吸烟,我们可以大胆猜测,这种习惯是大概两个世纪前从欧洲商人那里沾染上的。在当时,常见的鼻烟壶呈扁平状,壶盖内附有小细匙,用于舀取烟粉。此后,鼻烟壶变成一件时髦的物件,优雅的中国人通常随身携带一只或者在会客室桌上放上一两只。

鼻烟壶并非都是陶瓷制品。玉器、石器和玻璃器也占很大一部分。目前我们关心的是由景德镇烧制的陶瓷鼻烟壶。陶工在烧制过程中似乎很乐意展示自己高超的技术和巧思。其中有很多瓷器更是不可多得的精品。单色釉瓷器,如郎窑红、苹果绿、月光白、青瓷,都是釉下蓝红釉装饰,除在素胎上直接装饰外也在釉上进行装饰,手法包括模印、雕刻、镂空和复杂的浮雕,造型各异,包括人、动物以及植物形象。除此之外,还有几种很少在大型器物上看见的装饰手法,比如黑地釉下青花、白地黑花、绞胎瓷等。

鼻烟壶在雍正之前罕见有款识,但从雍正时期开始有款识,很多精妙的瓷器上都留

---

① 见本书第135页。——原注

② 1923年10月,阿杰·埃德加(W. H. Adgey Edgar)著,文中堂名"聚仁堂制"拼写有误。——原注

有嘉庆、道光年号。此外，19世纪上半叶有很多工艺粗糙的小瓶子出口到埃及等地用作药瓶。在古埃及坟墓中也发现了这类瓶子，起初人们认为这些瓶子不可能无意间掉进去，也不可能由阿拉伯工匠自己设计，因而得出轰动一时的结论：中国瓷器在法老时代就已经进入埃及。这些发现一度认为改写了中国古代伟大的陶瓷史。直至一位汉学家注意到在这些古瓷器上刻有中世纪诗句才推翻了这一说法，一个真正的匹克威克式（Pickwickian）小插曲便戛然而止了。

图版69①展示了拉斐尔收藏中的一些典型器物，除了展示器物独具一格的设计外，还展示了器型的多样性以及装饰手法的多样性。图132是一个普通的花瓶形状，施有炉钧釉。图131是一个奶白色器皿，定窑风格，绘有十八罗汉人物形象。图133是一件白瓷，采用浮雕和镂空的手法装饰九龙戏珠图案，寓意一个"九子同住"的理想家庭。图125中葫芦象征长寿，图128佛手象征快乐。事实上，这些完美的小物件除了在构造上有巧思，在设计上也有目的性。

图125　　　　　　　　　　图126　　　　　　　　　　图127

图125　葫芦状鼻烟壶，黄地饰彩色葫芦藤浮雕，玉制壶塞，红色乾隆款识，高3.125英寸，O. C.拉斐尔先生收藏

图126　花瓶状鼻烟壶，侧身有凹槽，外壁镂刻花团、蝙蝠、寿字以及缠枝莲花，器身彩绘花卉纹，珊瑚壶塞，道光款识，高2.6英寸，O. C.拉斐尔先生收藏

图127　幼狮状鼻烟壶，彩绘装饰，瓷器壶塞，乾隆时期器物，高3英寸，O. C.拉斐尔先生收藏

---

① 原著图版69即本书图125至图133，参见附录1"原著图版和本书图例序号对照表"。——译者注

图 128   图 129   图 130

图 128　佛手瓜状鼻烟壶,黄色珐琅彩绿叶纹装饰,高 3.25 英寸,O.C.拉斐尔先生收藏

图 129　人像鼻烟壶,刘海手拿钱串戏弄三腿金蟾,彩绘装饰,帽状壶塞,乾隆时期器物,高 3.5 英寸,O.C.拉斐尔先生收藏

图 130　双颈鼻烟壶,器身金地彩绘浮雕装饰,高 3.2 英寸,O.C.拉斐尔先生收藏

图 131   图 132   图 133

图 131　鼻烟壶,滑石白瓷,器身高浮雕十八罗汉,瓷壶塞,高 3 英寸,O.C.拉斐尔先生收藏

图 132　花瓶状鼻烟壶,施知更鸟蛋釉,乾隆款识,高 2.8 英寸,O.C.拉斐尔先生收藏

图 133　鼻烟壶,精致白瓷,器身外壁镂刻九狮戏绣球图案,英式金属壶盖,嘉庆款识,高 3.4 英寸,O.C.拉斐尔先生收藏

第十章　欧洲对中国瓷器的影响

我们很容易注意到欧洲与中国的交往对瓷器制作的影响。18 世纪以来,外国对中国制瓷影响之大不容忽视,需专章讨论。

欧洲钟表、法国珐琅、威尼斯玻璃进入宫廷内。我们知道皇帝和他的侍从都很喜欢这些新鲜玩意儿。了解到这一点后,景德镇的陶工央求殷弘绪为他们提供一些新奇的设计,然后将图案转印在瓷器上。在一些器物上,我们可以看到思想交流的痕迹,如模仿威尼斯玻璃杯在瓶子上设把手,模仿意大利文艺复兴时期花瓶器型,模仿荷兰代尔夫特(Dutch Delft)七巧壶以及树桩状且足部有丘比特小像的花瓶。也有一些欧洲人像和福建白瓷像,例如,有一对小像非常有名,据说代表的是路易十四和他的王后,这类欧洲小像的特点是一位男士用手环绕一位女士。这些器物往往非常怪诞,所以我们将其看作是一种怪诞艺术。我们也不必详述明显具有欧洲样式的餐具、茶具、咖啡具、壶、盐罐、调味瓶、烛台等,因为这些都是根据欧洲使用者的习惯而设计定制的。此外,用来出口的瓷器装饰异常复杂,仅仅是为了迎合外国人的喜好,对中国制瓷风格几乎没有影响。

欧洲对中国瓷器装饰的影响始于明代晚期,这些迹象在康熙瓷器上渐趋增多,但还是不很常见。纹章瓷暂且不谈,但很明显,康熙青花瓷画匠间或使用了欧洲的绘画技巧。比如一个小瓷盘以鹿特丹图案为装饰背景;利弗夫人美术馆藏有一件花瓶,上面绘有欧洲仕女荡秋千的图案;一件著名的带盖瓷杯上用青花绘有人们围在路易九世(圣路易)周围祷告的图案,并留有字款"至高无上的帝国统治世界"[1];图 134 所示的一个瓷盘也展示了欧洲绘画对青花瓷的影响。

这些瓷器可能是在广东进行釉上彩绘,所绘主题直接取自欧洲绘画和雕刻,包括具有欧洲风格的茶具、咖啡具和餐具,这些瓷器毫无疑问是售往欧洲的。事实上,这些瓷器都属于一类瓷器——这类瓷器由广东画匠在器物上绘出各种各样宗教或世俗的欧洲主题图案,这种装饰虽有趣但是不太美观,大多数欧洲图案由商人提供,中国画工以极大的耐心和惊人的准确度复刻到瓷器上。在一些大瓷盘上,图案用黑色铅笔一笔一笔画上去,其准确程度宛如印刷一样。而在其他的一些器物上,装饰的诠释方式要自由一些,人脸和人像很明显具有东方气息。雍正风格的欧洲主题粉彩瓷器受到收藏家的追捧,尤其是荷兰的收藏家,并且有很多瓷器上仍然可以看到一些欧洲主题的图案,不但包括荷兰

---

[1] 原文为 L'EMPIRE DE LA VERTU ETEND JUSQU'AU BOUT DU MONDE。——译者注

船只、一些著名港口的风景,还包括欧洲的热门主题,如1745年叛乱、约翰·罗密西西比泡沫(John Law's Bubble)事件、约翰·威尔克斯(John Wilkes)事件等。还有一些瓷器会借鉴一些讽刺图案和体育报刊主题图案。在大酒杯和潘趣碗上,绘有收割的场景,刻有定制农场主的姓名以及收割日期。大英博物馆内藏有两件潘趣碗,上面可以看到广东著名的十三行夷馆,画面中旗杆上悬挂各个欧洲贸易公司的旗帜,提醒我们该地是中国和欧洲贸易商们会面处理订单、货物的地方。

图 134

绘有欧洲男女演奏乐器的瓷盘,盘边饰有花瓣形风景版画,直径14英寸,康熙青花,莱斯特·科利尔藏品(Leicester Collier Collection),曼彻斯特城市美术馆藏

中欧瓷器交往最大也最重要的一部分是纹章瓷。18世纪的欧洲,带有纹章的器物非常时髦。但只要欧洲瓷器仍在探索阶段,且制作成本很高,就仍会有大量的纹章瓷器从中国进口。当然,纹章图样需要通过广东商人送至制瓷厂。中国人仿制这些图案毫不费力,能丝毫不差将样式临摹出来,只不过偶尔会有错位的字母暴露这是来自东方的仿制品,但是考虑到陶工不懂外文,犯错次数却很少,这简直是一个奇迹。纹章瓷最初烧制是在景德镇,有几件康熙早期的纹章瓷仅用了釉下青花装饰。当中最早的作品是利弗夫人美术馆收藏的一件盘子,纹章位于中国纹饰中间。这件作品在当时比较新奇,因为纹章周围环绕的纹饰很明显具有东方风格。大英博物馆内有一件大青花盘上面绘有塔尔博特(Talbot)纹章,这个瓷盘标志着纹章瓷的巨大进步。在康熙晚期的五彩瓷器或青花五彩纹章瓷上,虽然次要装饰仍然具有典型的中国风格,但主题纹章图案似乎非常贴近欧洲风格。

纹章瓷最有意思的一个特点是,很大一部分的瓷器可以根据上面的纹章推测出烧制时间。基于此,人们就可将18世纪初期到19世纪的瓷器进行时间排序,大英博物馆在某种程度上已经成功地做到了这一点。总的来说,早期的瓷器更容易根据中式装饰,尤其是边缘纹饰以及周边的非主题图案推测烧制的时间。

大英博物馆有一件纪年为1702年的瓷盘饰有经典的五彩花卉纹;几件瓷盘边缘绘有金色或红色卷草纹、锦纹以及过渡珐琅(五彩和粉彩结合),其烧制时间可追溯到1720年;具有"中国伊万里"风格的瓷盘烧制时间大概是在1711年至1722年间;白描风格的釉下青花装饰在雍正时期的瓷器上十分常见。

很明显,在康熙末期,一些纹章瓷的制瓷工序由景德镇转至广东进行。当然,这并不是说瓷器是在广东烧制完成的。相反,没有证据能够证明珠江三角洲曾有这种高质量制瓷原料,所用白瓷通常都是由景德镇的工匠提供的。像"红边"装饰一样,纹章瓷的彩绘是在广东制瓷厂完成的,并且有证据表明纹章瓷的彩绘也是由红边瓷彩绘工匠完成的。在雍正时期的红边瓷和纹章瓷上会出现同样复杂的网格纹、公鸡牡丹图案、经典的缠枝花纹、精致的描金或乌金、卷边纹等纹饰。从乾隆时期开始,纹章瓷的非主题纹饰①越来越欧化。大概在18世纪中期,麦森风格的缠枝纹和花束图案逐渐取代东方风格的装饰。不久之后,我们可以看到博屋(Bow)瓷和布里斯托(Bristol)瓷使用花束图案、月桂及果实纹饰、丝带花纹、法国矢车菊枝纹、蓝彩或描金的德比(Derby)花边装饰等,除了胎体和釉料外,几乎不存在东方的痕迹。

一些没有辨别能力的人误认为纹章瓷是欧洲制作的,因而前往欧洲工厂探寻其缘起。但是前往洛斯托夫特(Lowestoft)完全没必要,因为萨福克(Suffolk)工厂到1751年才开始制瓷,并且从未烧制出真正的中国式的硬质瓷。大英博物馆展出的两份查尔斯·皮尔斯(Charles Peers)1731年的提货单②,可以反映当时的真实情况,提单中的供货地址为广东。其中有一件釉下青花盘,上面绘有岩石鹦鹉、花卉植物的图案;还有一件瓷盘上绘有皮尔斯家族纹章,周围饰有花卉纹,边饰是锦纹。这些有趣的材料是由现任皮尔家族的代表移交给博物馆的。

同一系列中另有一只瓷盘,提货单显示其来自广东,上面绘有奥克瓦(Okeover)剑刺

---

① 一项对乾隆时期纹章瓷边饰的研究表明,乾隆不同时期纹章瓷边饰会使用以下不同纹饰:羽纹、镀金或彩绘、洛可可风格装饰配花卉图案、格子纹串贝锦等。大约1740年至1760年,相似主题但更精致的装饰框架内嵌四只孔雀,所用颜料通常是黑色和金色;1765年至1820年,边饰较为繁复,有几何纹饰、符号纹、花卉纹,有时还有蝴蝶图案。还有一种边饰是英国工厂用于装饰的著名的"柳树图案",需补充的是,这种图案改编于中国景观图案。——原注

② 摘自《乡村生活》(Country Life)1922年5月20日刊。——原注

尼科尔（Nicholl）的徽章，装饰精美①。最后有一件查德维克（Chadwick）纹章瓷盘，边缘饰德比蓝缎带，并留有题字"1791 年 1 月 24 日，中国广东"。尽管中国纹章瓷需要收取高额的税费②，但在 19 世纪前几十年仍有大量中国纹章瓷被送入英国。这个时候斯塔福德郡也已经研制出一种满意的制瓷配方，可以实现国内自给自足。

荷兰是东方瓷器最大的进口商，著名的代尔夫特锡釉陶在器型和装饰上都受到了这些东方进口产品的影响。同样，这些商人将代尔夫特陶器作为私人藏品或者贸易商品带往东方。有趣的是，18 世纪在日本和中国都有代尔夫特陶器的仿制品。奇怪的是，中国仿制的代尔夫特陶瓷使用了西化的中国装饰纹样。大英博物馆中就有这样的一套餐具，这套餐具应用了代尔夫特瓷器的器型和款识，但装饰图案部分具有中国风格。

在欧洲瓷器还较为稀有、昂贵的时候，18 世纪早期荷兰等地的工匠已经习惯在东方器物上进行艺术装饰。他们一开始尝试过福建白瓷，但不成功，后来改用带有雕刻装饰或红蓝颜料简单装饰的景德镇白瓷。有些私人彩绘师的作品色彩和设计非常优秀，如代尔夫特陶瓷器皿；大多数线条浅淡，着色粗糙，设计图案模仿日本柿右卫门瓷器。但有几件器物除外。这几件器物由德国绘画工匠采用黑色或红色单色釉进行彩绘并描金凸显图案，如普罗伊斯拉（Preussler）、博腾格鲁贝拉（Bottengruber）、沃尔夫斯堡（de Wolfsbourg）等人也曾在早期的麦森瓷器和维也纳瓷器上进行绘画装饰。他们精心烧制巴洛克风格瓷器，其中的一些作品受到收藏家们的高度青睐。18 世纪中叶，大量瓷器运到广东装饰后售往海外市场，欧洲商人很容易为客户弄到中国白瓷。我们也发现了大量麦森、切尔西、伍斯特等地的艺术家绘制的瓷器。其中一些器物在巴特西或伍斯特试用贴花技术。部分使用青花装饰的瓷器偶尔也会在广东进行彩绘然后销往欧洲。大英博物馆就有两件这样的藏品：一件是蓝地白色开光的茶壶，开光内未进行彩绘装饰；另一件是景德镇生产的釉下青花卷草纹花瓶，周围开光部分很明显是在德国彩绘装饰的。还有一种不太常见，上面装饰的图案是由欧洲玉石工匠所绘，这类瓷器通常是蓝釉瓷器或者是宜兴的紫砂器。后者通常会采用德累斯顿伯特格尔（Böttger）制作红瓷方法对器物进行抛光和雕绘。

最后一种瓷器外观丑陋，被称为"丑瓷（clobbered porcelain）"。这些瓷器在中国瓷器釉下装饰的基础之上，画蛇添足地添加了黄釉、绿釉。大英博物馆内一只釉里红三兽纹瓷盘就是一个很好的例子。加工者在器物上添加了长相凶狠的欧洲人拿着棍子震慑可

① 摘自《乡村生活》（Country Life）1922 年 5 月 20 日刊。——原注

② 1803 年，有人提议将东方瓷器的进口关税降低。关税降低意味着只需要支付 50% 的关税，这让斯塔福德郡的陶工们感到震惊。参见 F. 福克纳所著《伯斯勒姆的伍德家族》（The Wood Family of Burslem）第 67 页。——原注

爱小动物的图案,将原本简单且有效的装饰手法毁于一旦。这种画蛇添足的加工多见于青花瓷。有人认为当时的青花瓷十分流行,必须对此做出严肃的反应,加工者因此受到鼓舞便随意地用红釉、绿釉、黄釉去额外装饰精美的康熙瓷器。他们不满足于将每处留白填得满满当当,甚至还在器物足底用红釉绘制一个古怪的中国印章,来表示自己领悟了"真正"的东方精神。而这种破坏行为在英国相当长的一段时间里都是被认可的,更让人匪夷所思的是,一些英国的画匠甚至乐于模仿这种工艺。

第十一章　福建瓷器

　　中国有很多地方都生产瓷器，这里我们来介绍一下福建瓷器。事实上，作为一种省级瓷器，福建瓷器是在德化生产，目前留存数量较多。德化离厦门不远。17 世纪和 18 世纪往来厦门的欧洲商人使我们的先辈熟悉了福建瓷器——法国人称为"中国白"。"中国白"是一种非常吸引人的白瓷，有的洁白晶莹，有的白如炼乳，偶尔微泛玫红色。此外，"中国白"的胎体和釉色完美融合，浑然一体。福建瓷器外观大都如此，但也有例外，有些福建瓷器釉料受渗染，表面有浅黄色裂纹。

　　关于福建瓷器的早期历史，我们在《明代陶瓷器物》中已有记述，这里需强调的是，明代末期福建瓷业就已经存在了。福建瓷业现在仍然存在，并且有位英国传教士在 1885 年的书信中描绘了自己对这一繁忙地区的印象：田野间、街头、作坊……处处是陶匠。①可以说，福建陶瓷的本质在过去 300 年间没多大变化，而且因为福建陶瓷大多是白色的，除了浮雕或印花装饰外几乎没有其他装饰，所以很难区分不同时期生产的陶瓷。

　　大多数的福建白瓷是观赏性或半观赏性的，很适合模印装饰。最精致的福建白瓷是人像，通常是一些神或神话人物，但也有普通人像，包括欧洲人，还有一些兽鸟瓷像，如狮子、公鸡、狗、鹰，大部分带有插香的孔。半装饰器物包括香瓶、香炉、仿青铜器或犀牛角形状的祭酒杯、形似花朵的酒杯、各色各样的水盂、文房用具以及不常见的瓷瓶，还有一些茶壶、酒壶和碗，很少有普通的杯子和盘子。但福建瓷器似乎也尝试与景德镇制造商竞争，生产供应国外市场的实用瓷器。例如，我们知道的德式棱纹颈球形壶、圆柱形大酒杯、咖啡杯，器型很明显具有欧洲风格，有收藏者误认为是麦森、富勒姆（Fulham）②等欧洲瓷厂生产的产品。殷弘绪 1712 年曾提到，有景德镇的陶工将工厂迁徙到福建，希望挣到厦门西方商人的钱，但是后来没做成。

　　从德累斯顿收藏③中可以收集到一些关于康熙时期福建瓷器的信息，其中包括各式各样的白色杯子、装饰酒器以及瓷像。但这只能说明区分不同时期的陶器是件不容易的事情。虽然收藏的器物很多质量一流，既有乳白色瓷器也有奶白色瓷器，但也有很多二流器物可以证明，质量并不能被视为确定其年代的决定性因素。顺便说一下，我们注意

---

　　① 见 E. J. Dukes 的《中国人的日常生活：福建水陆风光》（*Everyday Life in China, or Scenes Along River and Road in Fuh-kien*）。——原注

　　② 17 世纪后半叶，富勒姆的德怀特（Dwight）制作的炻器具有相同的器型，其器型可能是仿制银器。但没有证据表明德怀特曾制作过瓷器。——原注

　　③ 见齐默尔曼教授的《中国瓷器》（*Chinesisches Porzellan*）图版 153—156。——原注

到，很多神像都会镀上一层用来涂金的黑色颜料，但大多数镀层已经脱落了，只能偶尔看到黑色和金色的痕迹。人们通常能从 18 世纪早期的欧洲陶瓷中辨认出古福建瓷器器型，因为法国圣克劳德(St. Cloud)、梅讷西(Mennecy)工厂、麦森瓷厂以及英国博屋、切尔西(Chelsea)瓷厂早期随意仿制中国白。浮雕花卉纹茶壶、果形茶壶以及浮雕梅花纹杯碗都反映了常见的福建瓷器类型，偶尔我们发现一些欧洲人像也仿制福建瓷器，比如有一件罕见的人像①，其背后有福建陶工的款识。

正如之前所提到的，福建瓷器的装饰手法包括模印或压印，偶尔会用来压印花卉图案，但绝大多数是比较简单的图案，如鹿、马、神像或叶纹花边，也会使用刻花装饰，通常是在器物表面刻上五言或七言绝句。除了这些装饰外，福建器皿还会仿制青铜器、犀牛角以及花草落叶等自然之物。福建瓷像中最常见的是观音像，可以说中国家家户户都有。福建瓷器中的观音像姿态各异，作为慈悲女神和怀抱婴孩的观音，在中国广受欢迎。还有一些比较受欢迎的瓷像，如战神关羽、达摩祖师以及和合二仙。此外，还有爱情故事或神话故事里的人物。但是最让西方收藏家感兴趣的是那些东方人制作的用来代表欧洲人的单个人像和群像。

在 18 世纪早期，当欧洲画匠在本土很难找到制作原料时，福建白瓷就成为他们便利的彩绘对象。我们今天经常看到彩绘浮雕纹饰杯、碗及其他彩绘素胎器物。欧洲人的绘画、彩绘通常可以通过风格辨认，但是有些器物使用红色和绿色颜料绘制简笔花卉纹饰，它们也有可能是粗略装饰的东方瓷器。我们知道福建陶匠偶尔也会对器物进行彩绘。有一些很典型的明代晚期彩釉瓷器，制作相当粗糙，杜克丝(Dukes)先生大概在 1880 年见到了这些瓷器作坊，并认为这是小孩子在户外彩绘的杯子。此外，后来一本中国著作②谈到德化瓷时说："色白如玉，滋润莹厚。略带红色，坯骨重者为上；紫色、黑色者次之。"

有很多规则可以用来区分现代福建瓷器和古代福建瓷器，如透明度、足底是否上釉等。但这些规则在实践中都不成立，我们只能通过器物造型、纹理和抛光加以区分。即便如此，最老练的老手能否将现代精品和旧器区分开来也是一个问题。众所周知，有一些最近烧制的人像在北京以高价卖出，毫无疑问，在欧洲有时也是如此。相反，伦敦一个买家展示了一件非常精致的瓷像，他在中国仅用现代瓷器的价格就将其购到手。这一器物造型优美，质量一流，很容易会被认为是一件古董，唯一疑点就是背后所留款识"德化"。

福建瓷器上留有标志款识的并不常见，但我们确实偶尔会在 18 世纪的器物上发现制作者姓名，如 1750 年布里斯托尔仿制瓷像背后就有印章。一些器物上的陶工姓名可

---

① 1750 年，布里斯托尔市的洛丁(Lowdin)工厂烧制了一件吕洞宾人像，人像背面留有款识"雷"字。——原注

② 指张金鉴辑《礼塔龛考古偶编》，1877 年出版。——原注

以辨认出来,如来观、何朝宗,但也有很多因为釉层太厚,导致印章模糊不清,难以辨认。福建白瓷偶尔会使用仿明代宣德、成化年号,一些清代早期的杯子和碗底部偶尔可见回纹、螺纹或万字纹。

　　大英博物馆收藏了大量的福建瓷器,索亭收藏中也有一些非常精美的人像。图 135 是荷叶形状的笔洗,笔洗上有两只青蛙。

图 135

笔洗,形如荷叶,荷叶内置两只青蛙,德化白瓷,康熙时期器物,直径 4.25 英寸,A. T. 沃尔上尉收藏

第十二章　清代陶器

除了广东陶器和宜兴陶器,收藏家很少考虑清代所制的其他陶器。中国陶器这门艺术不仅在西方国家受到忽视,在中国也是如此。我们见到过很多的陶器,但对它们的了解却是少之又少,中国人也不愿意传授我们这些知识。然而,只要看一眼《海事海关报告》(*Maritime Customs Reports*)以及威尔斯·威廉姆斯(Wells Williams)于1863年出版的《中国贸易指南》(*Chinese Commercial Guide*)等书就会发现,几乎每一个通商口岸及其周边地区,都会外销大量的陶器。当然,我们偶尔也能从其他渠道了解到这一行业的消息。

高昂的运费决定了这种相对来说比较便宜的原料并不会运送至很远,除少数受欢迎的陶器之外。每个地区都会有自己的制陶厂,用于生产建筑瓦片和日常生活用具。这些陶器不会运送至很远的地方,除非这些陶厂碰巧就在港口或主要水道附近。如果我们能够去溯源在印度半岛、马来群岛以及欧洲等地发现的各种中国器物,就会发现,我们的猜测基本无误。毫无疑问,本书所讨论的同一时期同一家陶厂烧制的陶器特征相似,从过去60年的海关报告可以看出这一点。

我们听说过广东钦州(靠近北海通商口岸)、海南海口、珠江三角洲阳江,以及汕头和潮州府附近的陶器。《海事海关报告》有描写19世纪中期海口附近陶厂所制陶器:"陶器的种类有很多,有花瓶、香炉、碗、茶壶、盘子等。所有的家用器物都是用深和浅两种颜色陶土装饰,上面饰有中式风格人像和文字。釉面制作是将胎体烘干之后,在器物表面涂抹一层蜡油,并用木头和浮石将表面抛光。"①

珠江三角洲的贸易报告单表明,这些陶器是从东西方数十个港口运输过来的。其中用来出口的小型陶器种类多样,有造型古怪的人像、香炉、各式各样米黄色陶器或炻器(施黄釉、棕釉,偶尔施孔雀蓝和茄紫色),还有姜罐一类的器物,这些都是在港口附近烧制的。但珠江三角洲最有名的陶器是石湾烧制的陶器,该地靠近大型制瓷地佛山。这种广东炻器可以追溯到清代,在《明代陶瓷器物》一书中我们也有所讨论。但是,正如我们先前所说的,清代早期的陶器数量非常少,且如今非常罕见,欧洲和美国等地的大量广东陶器都较为现代。

通常来说,广东炻器是高温烧制的器物,底足呈深棕色,偶尔会呈黄灰色或米黄色,表面施一层厚重光滑的釉,器身遍布深色斑点。广东炻器的釉色差别会较大,但通常是

---

① 见《海事海关报告(1892—1901)》(*Maritime Customs Reports*,1892–1901)第422页。——原注

在橄榄棕地施蓝釉,留灰绿色或白色条状、圆点状斑纹,有时留绿色、灰色、蓝色斑点,偶尔以棕色色调为主。这种施有各种色釉的花瓶上偶尔会留有陶工的印章款识,如葛明详和葛源详,而这两人似乎生活在 18 世纪。

另一种广东陶器,通常会被误认为是明代或更早时期的陶器,施深红窑变釉或者青绿釉,烧制后是白色,陶瓷质地,但裸露部分容易被烧成棕红色,通常以装饰物、套装、人像的方式出现。我们在《明代陶瓷器物》中已经讨论过其他仿古钧釉的广东陶器,在此不再赘述。雍正时期景德镇御窑厂非常喜欢仿制这种器物。1863 年这种陶器需求量仍非常大,由石湾不断向广东市场供应,有"各式各样、大小不一的壶、盘、罐,其中有一些陶罐大得像桶,有的上釉,有的没上釉,还有大量各种各样的仿石窟陶器、人像、陶罐、小雕像等"①。

地处汕头和潮州府之间枫溪建有大量陶器厂,蕴藏着高岭土和一些普通黏土。枫溪生产的陶器以及从汕头运输过来的陶器被描述为:"各式各样,有普通的陶器也有施有色釉或珐琅彩的精美陶器,包括用于喝茶喝酒的杯子、碗、盘子、碟子、赤陶炉,用于装饰窗户的镂空栏板以及可以盛 100 至 150 升液体的大罐。"我们了解到,该地除了生产大量的陶器,也生产大量的瓷器②。

与陶器特征相似的器皿,包括盘子、饭碗、酒杯、碟子、勺子、酒罐、酒瓶等普通瓷器,一直以来都是福建厦门与印度半岛、马来群岛和欧洲之间贸易的对象。附近的石码和东安县可能是器物的供给地,并且我们很可能会在汕头、厦门港口附近的陶厂找到这种胎体粗糙、看上去古旧的青白瓷以及彩瓷。这些器物现在经常会被误认为是古董。厦门以前是德化白瓷的出口地,而现今,德化白瓷仍从厦门和潮州府港口进入市场。

在《领事报告》中,浙江的宁波港口仍然被认为是出口"优质中国瓷器"的地方,但是这些瓷器产地不详。九江、芜湖和南京港口都不时交易大量的景德镇陶瓷。当中也有提到,湖南长沙是上等瓷器的集散地,这就表明湖南也有制瓷工业。上海一直以来都在出口江苏南部生产的陶器,其中包括浅黄色陶碗和香炉等,器物表面施不透明山茶花叶绿釉,有细微的裂纹。17 世纪和 18 世纪,卡尚(Kashan)陶器就因该色釉闻名于世。17 世纪末,宜兴红色及其他颜色的炻器在欧洲几乎与景德镇瓷器一样出名。

宜兴,位于太湖的西边,自 16 世纪早期以来就以陶器闻名。《明代陶瓷器物》一书中描述了宜兴陶器的发展史并简单介绍了其生产的陶器产品。宜兴最常见的陶器是一种

---

① 见卫三畏(Samuel Wells Williams)的《中国商贸指南》(*The Chinese Commercial Guide*)第 13 页。——原注

② 《明代陶瓷器物》(*Wares of the Ming Dynasty*)第 161 页详细讨论了一种胎体粗糙的瓷器,其特征是铁红色素胎和底足黏砂,有一种观点认为这种瓷器的起源是韩国。但现在中国商人中称这种瓷器为汕头器。这种说法虽然是道听途说,但仍值得注意。——原注

炻器，未施釉，通常是红色，但也有巧克力棕、浅黄色、灰褐色、黑棕色，偶尔有斑点，装饰手法有模印、印花、贴花、刻花，尤其是在后期，经常会施彩釉装饰或者粉彩装饰。宜兴生产各种各样的实用性和装饰性陶器，当中最有名的还属于宜兴茶壶。我们认为宜兴茶具最初是在 17 世纪下半叶与茶一起传入欧洲的。我们祖先将这种器皿称为"buccaro"（意为未上釉的陶器），这种器皿似乎与印第安人的同名器皿之间有联系。欧洲陶工最开始烧制的茶具就是仿制这种"红陶"。从仿品和德累斯顿收藏的一系列上等宜兴陶器①来看，早期的宜兴陶器造型巧妙奇特，形似树的横切面，周围贴塑叶子，壶嘴和壶把形若树枝、竹条、桃子（如图 138 所示）、香橼、莲蓬、荷叶、鸟、兽等。这些器物呈方形、六角形或圆形，器物表面或模印图案（借鉴青铜器或瓷器），或贴塑梅花枝纹（图 137 所示），或装饰镂空开光，又或刻绘各种装饰纹样及铭文。铭文通常可以看出书写者高超的书法技巧。陶工的款识和印章被自由使用，但由于模仿明代有名陶工印章款识这一做法非常常见，所以通过陶工印章来鉴定器物真伪并不靠谱。事实也是如此，想要将现代的宜兴陶器和古代的宜兴陶器区分开来并不容易，因为陶工们技艺高超，仿制旧器物的纹饰惟妙惟肖。而在这种情况下，像德累斯顿约翰内姆（Johanneum）博物馆这样的历史收藏馆就显得特别有意义了。②

图 136　　　　　　　　　　　　　　图 137

图 136　鱼形香炉，炻器，施厚重绿灰釉，呈不透明青紫色，产自广东，18 世纪器物，长 6.375 英寸，大英博物馆藏（弗兰克斯藏品）

图 137　茶壶，饰菊花折枝纹浮雕，深红色宜兴炻器，乾隆时期器物，直径（包括壶嘴和把手在内）6.125 英寸，W. W. 温克沃斯先生（Mr. W. W. Winkworth）收藏

① 见齐默尔曼教授的《中国瓷器》（Chinesisches Porzellan）图版 157。——原注
② 见 R. L. 霍布森《中国陶瓷史·第 2 卷》（Chinese Pottery and Porcelain：vol. II）图版 50。——原注

图 138

水器，一只桃状杯子旁边附连一只桃子，米黄色炻器，桃尖饰有一点红，红色桃核遮住将两部分连接起来的通道，宜兴产，18 世纪器物，长 6.625 英寸，大英博物馆藏（弗兰克斯藏品）

宜兴陶器彩绘装饰后器物表面通常比较粗糙，具有粉彩风格。上釉陶器包括仿古钧釉瓷器，这在《明代陶瓷器物》中已经讨论过了。这些陶器可以追溯到 17 世纪早期，并且雍正时期御窑厂非常喜欢仿制这种器物。有一些不透明珐琅被用作釉料施于整个器物表面，通常呈淡淡的蓝绿色，偶尔会带有粉色斑点，看上去像"知更鸟蛋釉"。还有一些带有特殊光泽的浅绿釉会用在现代陶器上，所以这些现代陶器很容易被认为是早期器皿。

山东港口出口的陶器无疑是由博山和兖州府地区的众多陶厂供应的。博山最著名的是玻璃厂，但这个地方很早就有大量的制陶厂，地质层有大量的优质陶土。18 世纪末，官府在这里开办了一家釉陶厂，使用两种色釉——蓝灰色和茶色——生产各式各样，大小不一的花瓶、罐子、花架、花盆等。生产的陶器造型和釉色都很完美，看起来像瓷器。

直隶地区的许多沿海城镇的出口商品中都有"陶器"，但我们对当地的陶器知之甚少。不过，有一些大型陶器中心现今仍然活跃，如北京附近的琉璃渠和最南边的磁州。磁州陶器施乳白釉，是在黑色和棕色化妆土上随意勾勒图案，或在深棕色釉面上刻画装饰和图案。本系列书籍的前两卷①讲述了磁州陶器的整个发展史，包括现代发展史。

自元代以来，北京附近的陶器厂一直为这个大型陶器中心提供瓷砖和陶器。从芝加哥菲尔德博物馆（Field Museum）收藏的一批中国现代陶器中可以看到，现代陶器包括明代风格刻花陶器和仿青铜器形陶器，前者刻纹处用绿、黄、紫釉填充，后者表面施光滑绿釉。卜士礼对另一种类型陶器的描述②如下：施红棕釉，色彩明亮，表面闪烁着金色斑点。大英博物馆中藏有一件这样的器物，浮雕装饰，留道光时期的款识。我们也知道，这里的陶瓦厂同样能在陶胎上施孔雀绿釉和茄紫釉烧制单色釉花瓶。当然，北京之外的陶瓦

---

① 即本书前言中提到的《中国早期陶瓷器物》和《明代陶瓷器物》两本书。——译者注
② 见卜士礼所著《东方陶瓷艺术》（Oriental Ceramic Art）第 637 页。——原注

厂也是如此。

若是将内陆省份的制陶中心都考察一遍,将会是一项漫长而无用的工作。因为关于这些制陶中心的生产特点,我们几乎不了解,而且我们基本上也不太可能与他们接触。但有几类陶器为欧洲人所熟知,所以必须要说明一下。

米黄色炻器或陶制装饰品、花瓶、人像,带有印花装饰,表面有孔雀绿、绿色斑点,偶尔施茄紫釉,这样的陶器在很多地区都很常见。这些陶器很明显是从广东、福建等地的港口运输过来的。菲尔德博物馆馆藏现代陶器系列表明,这些器物时至今日仍在山西太原附近的马庄烧制。

釉陶的使用范围很广,包括瓦片、屋顶顶饰和建筑装饰,还包括用类似材料制作和装饰的花瓶和用于外部装饰的大型人像。当中很多釉陶造型精巧,即使将其与周围环境分开,仍是一件令人赞叹的装饰品。这些陶器通常被认为是明代器物,但我们应该知道,它们所装饰的许多建筑都是清朝时期建造的。值得注意的是,一些建筑的模印设计都出自欧洲人之手。北京的天坛主要是满族风格的建筑,北京的大雍寺建于清朝初年。除了相对较新的建筑外,许多较古老的建筑都进行过修复。

第十三章　中国陶瓷器型

环顾康熙精选陶瓷系列藏品,我们发现,希尔丁先生赠予维多利亚与阿尔伯特博物馆的一件瓷器,由简单的轮轴拉坯成型,却透出一种朴拙原始的美感。模制的器型相对来说更复杂一些,一般用于出口贸易瓷器和装饰物件的批量制作,这类器物大都形状奇特。一些精美的瓷器,有的施以黑釉,有的施以五彩并绘制开光图案,浅蓝釉和青花瓷器的器型变化相对较少。例如,"妍妍"瓶(如图46所示),柱身,长颈,敞口;漂亮的观音瓶(如图139所示),瓶体修长,鼓腹,短束颈,喇叭口;棒槌瓶(如图49所示),也称"纸槌瓶",瓶身呈竖直的圆柱形,瓶颈细长,撇口;宽身盖罐,盖子呈圆顶状,窄身盖罐,盖子呈弧形;窄身瓿(如图9所示),器身平直,敞口,腰间有一凸起带状装饰。除此之外,还有许多瓶状器型。以上就是康熙时期主要的辘轳成型陶瓷器型,不包括一些特殊用途的瓷器,这些瓷器下文将会讨论。陶工会根据自己的喜好和心情来制作瓷器,因此所有陶瓷器

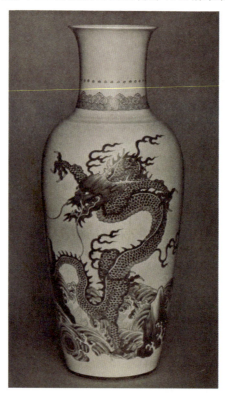

图139

观音瓶,亮蓝彩绘龙腾浪尖,康熙时期器物,前贝内特藏品,查尔斯·拉塞尔先生收藏

型都有些许变化。例如,棒槌瓶瓶腹的大小和高矮都变化无穷,为达到良好的视觉效果,有时甚至变动很大。再者,清代瓶状的器具尤为常见,为迎合康熙时代的审美,每个瓷瓶大体一致但又千差万别。瓶状器物在每个朝代都很常见,然而鉴赏家们却唯觉康熙的瓶器最难定义,具体原因是什么,他们也难以解释。这一时期有长嘴束颈的壶,梨形的瓶,圆腹、长颈、束口或敛口的瓶,扁身长颈喇叭口瓶,双层耸肩的佛塔瓶……其器型比例皆均匀协调,实用性强,且具有线条美。且看一件典型的乾隆大瓶,鼓腹,敞口,与康熙时期的器型有所不同,或许瓶颈颇短,整体形态更加方正,但无论差异何在,都逃不过鉴赏家明察秋毫的慧眼。

康熙陶工精于制作辘轳拉坯成型的器具,但在制作方形或多角形的器型方面稍有欠缺。大多数圆形的瓶器都有对应的方形器物,这些方形的器具由精确切割出来的泥坯板细致地拼接在一起。要让这些组合在一起的泥坯板变得坚硬牢固,且在高温烧制的过程中也保持成形时的样子不塌陷,需陶工煞费苦心。一些方形瓷器的纹饰十分贴切,如四个面,每一面都绘制不同季节的花卉。梨形瓶的外壁拍平之后更显简洁优雅。模具成型的器件,其壶系以及壶嘴的形状更加精致。这种特质在外销瓷的制作上尤为突出。外销瓷的形状不以优美为标,反以古怪为准,通常有些画蛇添足。许多器件都分层制作,既有拍片成型,也有拉坯成型,拼接的接缝上装饰有模具成型的叶状纹饰,精致的把手和其他贴塑配件琳琅满目;双层葫芦形状的器物甚至被塑造成了三层;瓶颈上,如同灯泡形状的装饰品增多;妍妍瓶在直筒瓶的基础上将竖直的瓶颈改为喇叭口。

日常用瓷当中,碗的种类繁多。康熙典型的碗呈圆形,碗沿外翻,但这种器型逐渐演变成带有凹槽的八方碗、六方碗或四方碗。小型碗,碗壁笔直,带有圆形碗盖。也有开口较大的碗,口沿上有凸起,用来放置形似倒置碟子的碗盖。杯子的种类也很多,且通常都不带把,有的高而细长,有的呈小碗状,只能盛一口酒。中国的杯子自古都带把,但在康熙时期却很少见,只有面向国外市场的杯子才有把。还有一些杯子用途特殊,常用于节日庆典,如祭祀或婚嫁。这些杯子装饰华丽,有的仿制青铜器具或是牛羊的角,一般来说都有把手,且为龙形(如图 18 和图 140 所示)。中国的盘子呈圆形,与碟子相仿,但器型更大。一些康熙的盘子底足稍宽且有凹槽。点心碟的装饰更丰富一些,有用模具制作的形似荷花瓣的碟子。团圆盘的装饰也很讲究,由许多小的托盘组合形成圆盘、六方盘、八方盘,或是花形盘。受欧洲饮食文化影响,碟和盘的口沿呈平整的圆形,用于盛装调味品。壶多为华贵的波斯样式(如图 51 所示),壶身呈梨形,壶嘴长而细,带把。也有形状别出心裁的壶,如桃形壶、瓜壶、葫芦壶等。糖浆壶大体呈圆柱形,壶身如丝带般曲折起伏,壶顶犹如一顶王冠。茶壶有简单的球状壶、竹状壶和荷花形壶,也有类似水壶形的四方壶,周身有浅浮雕装饰或其他巧夺天工的装饰。

图 140

祭祀用杯,魔头和古龙装饰,康熙素胎珐琅彩,直径3.5英寸,沃尔特·利维夫人阁下收藏

一般而言,布置祭坛会需要一尊香炉,通常使用仿青铜器的三脚香炉、两个烛台、两个花瓶,就算一切从简,最基本也需要一个香炉或放花的杯状碗、一对用于上香的带插孔的狮子。瓶器一般成双摆设,但欧洲壁炉前方一般放置五件器具——三个盖罐和一对酒杯。

盛放弓箭的圆柱形或方形投壶,器型修长,装饰精美,壶顶围着几个圆环。装算卦竹签的瓶子,由祭拜大地的古代玉琮的形状演变而来,瓶身为四方形,瓶颈和底足为圆形。灯笼,由彩绘薄胎瓷做成,有圆形的,也有多角形的,其上偶尔会有玲珑装饰。听说许多灯笼会做成动物的形状,例如猫形的灯笼,在猫眼的地方打孔,夜里透出光来,可以吓走老鼠。

一些精雕细琢的盒子、吊瓶,以及一侧可打开的四方罐都用于盛放室内熏香。一些带盖的罐子被称作蛐蛐罐或蝴蝶笼,但都名不符实,因为这些动物可以从罐的洞里轻易逃出。饲养蛐蛐的罐子更像姜罐,用于透气的小孔开在罐盖上。图141所示的方形盖罐可能是用于饲养蛐蛐的。

瓷牌和瓷板镶嵌在屏风等家具上。同时瓷器还用以制作凉枕和衣帽架,一般其上有空洞可填充草药熏香。在花园中还可以看见瓷凳和瓷鱼缸,瓷凳呈筒状,瓷鱼缸通常体型较大。

《陶说》中列出了许多乾隆时期的瓷器器型,很多瓷器在早期和晚期都较常见,然而其中部分器型是由远古瓷器和青铜器演变而来的,仅在雍正和乾隆时期出现过。《陶说》①中写道:"迩年以来,古礼器尊、罍、彝、鼎、卣、爵之款制。文房砚屏、墨床、书滴、画轴、秘阁镇纸、司直,各适其用。而于中山毛颖,先为之管,既为之洗,卧则有床,架则有格,立则有筒。仿汉人双钩碾玉之印章,其纽法为驼为龟,为龙为虎,为连环,为瓦。印色

---

① 见卜士礼所著《中国艺术:第二卷》（*Chinese Art:vol. II*）第3页。——原注

图 141

蟋蟀笼,形似方形盒子,底足是四只兽首,每面饰彩绘浮雕兽首,器身上半部分及盖子镂空装饰,盖子上有狮形把手,康熙时期瓷器,高 7.25 英寸,亨利·赫希先生收藏

之池,或方、或圆、或棱,可助翰藻。"①我们可以看出,这一时期,尊、罍、彝、鼎、卣、爵都再次用瓷器制作出来了。其中"尊"为酒器,器型多样;"鼎"型如坩埚,三足或四足;"卣"也是酒具,带盖,弯把;"爵"是祭祀用的杯具,形似头盔,三足细长。

书桌上的精致小文具永远是陶工们最得意的作品,他们将毕生心血全部倾注于此。水滴器具种类众多,形状古怪,有花卉形或动物形状的;笔洗和墨碟用于盛装液体,因此多做成荷叶状、花状、水果状或是贝壳状;笔搁通常做成小山状,也有其他形状,如图 142 和图 143 所示。除此之外,还有收纳印章的盒子、用于遮蔽研墨的屏风(研屏)、迷你香炉、用于放置香和焚香的器具,以及用来插小花束的小花瓶。以上大部分器具见图版 71—74②。

图 142

笔搁,形似一只松鼠俯趴在镂空栗色大树枝上,施孔雀绿釉,1800 年左右的器物,长 4.5 英寸,大英博物馆藏(弗兰克斯藏品)

---

① 引自朱琰《陶说》(商务印书馆,1936 年)第 1 页。——译者注
② 对应的图例见附录 1"原著图版和本书图例序号对照表"。——译者注

图 143

笔搁，形似笏板，一端有古龙图案，釉色非常接近宝石绿，乾隆时期器物，长 3.375 英寸，大英博物馆藏（弗兰克斯藏品）

图 144

一对研墨屏风，左图釉下彩绘人物主题纹饰，右图题写诗文，落款"木石居"，黑地白文，并有复杂多样的大理石纹茄紫色边饰等，康熙时期器物，高 10.125 英寸（包括底座在内），沃尔特·利维夫人阁下收藏

一般花器宽为 2—3 英寸，高为 5—6 英寸，器型种类繁多，其中一种称为"尊"，外壁方正，轮廓分明。圆柱形的花瓶形似竹子；而方形的花器则十分周正，有的从中间一分为二，背部平整，这样可以帖墙而挂。

还有形如化缘钵的碗，敛口，可用于掷骰子。"百摺、分裆、鳅耳、索耳、戟耳、六棱、四方、直脚、石榴足、橘囊诸款，蜡茶、鹧金、藏经诸色，烧香之炉，可备燕赏。"

图 145

画卷架,釉下彩装饰,上面绘制对弈图,康熙时期器物,长 10.375 英寸,G. 尤摩弗帕勒斯先生收藏

图 146

图 147

图 146　水盂,黄色釉下雕刻古龙和卷纹,康熙蓝色底款,高 2 英寸,A. T. 沃尔上尉收藏

图 147　蜂窝造型太白尊,奶白粉定器,橘纹釉密集开片,饰有五只蝙蝠、波浪、梅花、假山浮雕,乾隆时期器物,直径 3.5 英寸,P. 大卫先生收藏

　　日常用具有饭勺、茶匙、筷搁、蜡烛罩、醋罐、洗手盆、油灯和烛台、花罐和碟子、瓮、钵、盘,以及各式各样的碗。个人用具有头扒、发髻、耳环、收纳香囊和化妆品的盖盒、拐杖、嗅瓶等。餐桌上的用具有茶壶、酒瓶、琳琅满目的碗和盘子,如玲珑碗、汤碗、盖碗(一种茶碗),碗盖形状如倒置的碟子,稍稍倾斜便能出茶汤。

　　总而言之,乾隆时期的瓷器沿袭了宋代定州和钧州的官窑和哥窑风格,继承了明代顺德、成化、嘉靖时期的瓷器风格以及珐琅瓷风格。

　　各种瓷塑都在圆形的模具中制作,瓷塑的种类将在下一章节介绍。

第十四章　中国陶瓷纹饰

　　清朝瓷器纹饰沿袭了丝绸和绘画上的纹饰图案、各种书中的插图,以及其他纹饰,如木雕、象牙、玉石、墨印、青铜器和漆器的纹饰。这些纹饰在陶瓷器物上的应用在明朝就出现了,长期积累下来的大量的纹饰被分门别类地编辑成书供景德镇陶工参照和传承。此外,现存大量的古瓷器物上的纹饰也可供陶工们参照。

　　我们偶然发现一本康熙陶工使用的纹饰书籍,大英博物馆也珍藏了几本这样的纹饰百科全书。这几本书或许是专供中国陶瓷纹饰工匠们使用的,就如同《艺术家手册》《淑女的娱乐》《绘画实用手册》所针对的西方群体那样。丁皋①提到一本书,名叫《画传四史》②,该书包含了一百多幅神话人物和传说人物画像,其中大部分被应用到陶瓷装饰和雕塑中。另外两本书是《画传三史》和描绘芥子花园景色的《芥子园画传》。

　　为促进产业发展,水稻种植、养蚕等生产景象不时地出现在官方报刊上,这些图片也被应用到瓷器装饰上。几乎所有的瓷器上都有锦纹,在华丽的五彩大瓶上尤为常见,并用作开光图案的边框部分,为其他图案留出空间,多呈宽窄不一的带状图案。许多瓷器上也会采用青铜器时期流传下来的纹饰,这一现象在乾隆时期尤为显著,还会添加古代祥龙和凤凰的纹饰、兽首纹、卷曲或平直的树叶纹饰。

　　总的来说,中国的瓷器纹饰主要分为四大类——人物、山水、花鸟以及杂花。首先是人物纹饰,囊括了所有的人物主题,这也是到目前为止最令欧洲人着迷的图案。欧洲人总是对画中所描绘的场景充满无限的好奇,画中的人物有时华贵优雅,有时粗俗古怪,画中人的一举一动对欧洲人来说都充满了异域风情。他们对这些图画的好奇心是永无止境的,但遗憾的是很多时候力不从心,因为即使是中国人也无法将瓷器绘画背后所蕴含的故事真切地讲述完整。

　　清朝早期的瓷器纹饰多描绘战争和军队场景。汉代和三国时期的传说中的英雄人物、被记录在《水浒传》里的梁山好汉等都用于绘制康熙时期的五彩纹饰。此外,绘有武将的大瓶通常会与绘有文官的大瓶成双出现。如,尧带领他的军队在耕地上与舜交战的场景;汉代忠贞的外交官苏武被匈奴俘虏之后一直在敌营饲养牛群的场景;张骞出使西

　　① 丁皋(?—1761),字鹤洲,一作鹤舟,江苏丹阳人,清代著名人物画家。——译者注
　　② 此处可能有误,丁皋并未写过题为《画传四史》的书,其影响最大的美术著作是《传真心领》,后被收入《芥子园画传》第四集。另外,本段下文还有两处错误:《画传三史》查无此书;《芥子园画传》的作者并非"李礼文(Li Liweng)"。——译者注

域的场景;司马光为救不慎掉进水缸里的同伴砸缸的故事;唐明皇与举世美人杨贵妃相遇的场景①;西施的画像;姜太公钓鱼的情景;等等。

也有关于文人墨客的纹饰,如"竹林七贤""曲水流觞"都是文人们,即诗人和书法家们聚会时的活动。另一个深受大众喜爱的装饰图案是"诗仙醉酒",李白立于飞驰的瀑布前,接受皇帝和朝廷派遣给他的任务,或是依靠着酒坛,一副醉态。李白也出现在"饮中八仙"图中,这种场景最适宜绘制在八方碗或者八方瓶上。有些图中的李白,乘着一叶扁舟顺河而下,手执书本,超然于外界,就像周茂叔②钟情荷花之状。另一位爱花的诗人是陶渊明,他最爱菊花。由于中国很早便允许文人墨客通过科考获取仕途,因此瓷器上对这些事件或多或少都有记载:有远大志向的文人或站在龙头上,或折一枝桂花,以预示他考取了功名,或是表达他对前程的期许;还有一些象征着科考成功的纹饰常与掌管智慧的"文曲星"联系在一起。

诗歌和爱情故事为绘制瓷器纹饰的工匠们提供了灵感。一些爱情故事或悬疑故事,像连续剧似的被绘制在瓶或碗上,我们甚至说不出其中一些的名字。其中一个图案绘制的是一位坠入爱河的男子,他先把靴子扔到院子墙的另一边,然后翻过围墙去见情人;另一幅画的是一个男人从屏风后偷窥情人的画面。中国人不在意这些场景,我们外国人对这些场景中人物的姓名求而不得,但这都无关紧要。重要的是,人物及其周围环境构成了令人叹为观止的装饰图案。中国的传统服装十分华丽,在所有的人物纹饰里,中国仕女图最为迷人,也许画工故意将人物的服装美化了,而这在西方人眼里更是别具一格。在出口的青花瓷当中,最常见到的人物纹饰是一人独自立于花瓶旁,这一类纹饰已经屡见不鲜了,荷兰人就称它们为"修长的伊莉莎"。这样的称谓对康熙时期用真正美人装饰的质量上乘的瓷瓶或瓷盘是不尊敬的。在这些精美的仕女图中,我们可以看到,这些美人都在追求内在美,她们有些在写字画画,有些在弹琴下棋,孩子们在花园或庭院里玩耍;我们还可以看到,在供皇帝休闲娱乐的园林里,每年夏季都会将荷花采集到此处,贵族们可在夜里挑灯游园赏花。

中国纹饰中有关小孩的纹饰十分惹人怜爱。小孩中有和动物小鸟玩耍的,有和牛犊或小马赛跑的,有因看赛龙舟而喜不自禁的,有着盔甲戴怪兽面具的,也有模仿大人一丝不苟的正经模样的。

和西方一样,中国的小孩也是在一连串的故事中成长的,有的是历史故事,有的是神

---

① 通常的描述场景是,一个年轻的骑马俊男与一位坐在战车中的美人相遇。——原注

② 周茂叔,即周敦颐(1017—1073),又名周元皓,字茂叔,原名周敦实,号濂溪,道州营道(今湖南道县)人,北宋五子之一,是宋朝儒家理学思想的开山鼻祖,文学家、哲学家。——译者注

话传说，一些带有道德教育意义，一些则无。现今这些故事都呈现在了瓷器上。二十四孝①故事和妇道故事被绘制成许多种纹饰，我们通常能看见这一系列故事全部绘制在一个青花大罐上，被分隔在一个个开光里。神话传说中最为著名的是烂柯棋局。王质在山林里伐木，偶然撞见林中有童子下棋，童子以一物与质，形如枣核②，质含而不觉饥，他整日在山林里观看下棋，没多久，质起身准备回家，低头拿斧头，只见斧柯尽烂，当他回到村庄，村民们和他的家人早已经去世了。中国最高雅的棋类——围棋，因太过受欢迎，人们选出了棋手中的佼佼者——谢安。有故事记载说，一位地位显赫的将军前来拜访的消息也无法惊扰谢安下棋的决心。

老虎在中国属于万兽之王，额头上有"王"字形的毛发。相较于狮子，老虎在中国更家喻户晓一些，也更接近自然界中的虎，因其喜藏匿的习性，通常画中还伴有竹林。虎属西位，在中国古老的传说中，虎还可以驱魔辟邪。象在佛教中也是神兽，在中国艺术中，象是和平的象征。寓意长寿的梅花鹿，因与汉字中有吉祥寓意的"禄"同音，著名的百鹿图也出现在瓷器上。马与"龙马"的故事相关，如白龙马去西天求取佛经、周穆王的八匹骏马（八骏图），以及在起伏的海水中飞驰的骏马（如图 55 所示）。有一匹马的造型非常奇特，猴子骑于马背，其后是紧追不舍的蜜蜂。猴子可能在中国有深层的含义，因其发音与汉字的"侯"相同，也许有追官逐位之意。羊象征着春天，三只羊的纹饰寓意着"三阳开泰"（如图 115 所示）。乌龟是长寿的象征之一。此外松鼠攀爬在葡萄藤上的纹饰也有延年益寿的寓意（如图 69 所示）。

鱼的发音与汉字"余"相同，双鱼不仅是佛教的象征，也代表了家庭美满和睦。鱼藻纹自明朝以来都很常见，前文提到的大鱼腾起于水面的纹饰，象征着科举考试成功。

画工们对鸟类异常喜爱，并运用大量的绘画手法来描绘鸟的形态。其中一些鸟类有着特殊含义，如鹤代表长寿；成双成对的鸳鸯代表爱情的甜蜜；喜鹊表示家有喜事等等。同样，不同的鸟类要搭配不同的花草树木：鹤要与荷花搭配；麻雀要站在樱桃树枝上；鹧鸪要同谷子一道；燕子与柳树搭配；代表名誉的公鸡要与彰显荣华富贵的牡丹一起。其他有关鸟的纹饰来自一些名作，如百鹤图、百鸟朝凤图等。还有一幅画，画的是野鹅在沼泽地里，一对山雀站在岩石上，身后开满了牡丹花和玉兰花。

蝙蝠本身是不美的，但在中国文化中，蝙蝠的"蝠"与汉字中的"福"同音。因此蝙蝠在中国也有吉祥的寓意，一般用热情的红色上色。五只蝙蝠（如图 149 所示）则代表五件幸福的事情，即长寿、富裕、平安、好运和善终。

---

① "二十四孝"的故事可参见梅辉立（W. F. Mayers）的《中国辞汇》（*The Chinese Readers' Manual*）和"东方智慧丛书"（Wisdom of East Series）《孝经》（*Book of Filial Duty*）。——原注
② 烂柯局中讲到山林童子把一物给与王质，形如枣核，非原文中所说"peach-stone"。——译者注

昆虫在中国装饰艺术当中也有一席之地。草地、昆虫、石头上的蚱蜢，这些纹饰在明代都十分流行。上文已提及的蜜蜂、猴子和蝴蝶也出现在很多纹饰当中。蝴蝶的字面意思是"福气成双"，常与一些具有象征意义的纹饰一同出现，如代表长寿的菊花等。蝴蝶艳丽的颜色和灵动的身躯，非常适宜用作瓷器纹饰。蝴蝶纹通常以下列几种形式出现：斑点绿地蝴蝶花朵锦纹，大团缠枝花卉装饰（如图103所示），或紧密的白蝶图等。

图 148

瓷碗，器型是五只蝙蝠羽翼伸展、相互重叠的形状，通体施珊瑚红釉，乾隆时期瓷器，直径6.5英寸，P. 大卫先生收藏

中国是"花之国"，毫无疑问，花在装饰艺术当中备受青睐。在有纹饰的瓷器中，几乎找不出没有花卉纹饰的器物。通常瓷器的边缘绘有缠枝纹或树叶边纹，这些纹饰在瓷器装饰中占主体地位。花草树木写实性较强，但又不是全部写实，寒冬中的植物们有着"任尔东西南北风"的韧劲。植物流露出的自然之美在中国画工手里表现得淋漓尽致。雍正和乾隆时期的瓷器上绘制的花卉纹饰，画工细腻，自然逼真，几乎可与画纸和丝绸上的纹饰相媲美。

除了追求美感，还要追问花草树木纹饰组合的其他原因似乎有点迂腐，但就中国纹饰而言，这样的追问非常必要。中国几乎所有的纹饰背后都有更深的含义，但好在花卉纹饰内在美感并不会因为添加了过多的寓意而遭到破坏。最有名的是代表四季的花卉：代表春季的牡丹，代表夏季的荷花，代表秋季的雏菊和代表冬季的梅花。松、竹、梅的组合本身就很美，更何况这种组合还有"岁寒三友"的意蕴。十二个月也有其对应的花卉，有一件名作叫《百花图》，即将百花绘于一件瓷瓶上，好似一大束盛放的鲜花。也有暗含着长寿寓意的植物，如松、竹、桃、梅、柳、菊、灵芝、葫芦等等。将桃子、石榴、佛手柑这三种水果组合则表示丰收、多子、幸福。橘子也被认为是吉祥的象征。

中国画家擅长风景画，画工们将其装饰效果在瓷器上发挥得淋漓尽致。瓷器上大部分风景纹饰都是山水画。高山、流水、瀑布，或是具体的美景，如杭州的西湖与断桥、北京的颐和园①，都为瓷器纹饰提供了大量的装饰主题。山水画中不时也有人物出现，如士兵们与劫匪交战的情形，圣贤们欣赏风光的场景，游山玩水的旅客站在山上的小亭子里，农民劳作的情景，河边的人钓鱼的情景等等。也有一些农业场景装饰来自产业宣传手册插图，如种水稻、养蚕等。但风景画大多还是从名画中汲取灵感，像春天盛放的花朵、秋天成熟的果实、冬季的暴风雪等。

画作与书法在中国被视为一个整体，一些粗体汉字、诗句，甚至长句题词都有出现在瓷器上用作装饰。这些诗句通常是格言警句，或者是引用文章中的某句话，但这些诗句都与瓷器上的画有相关性，使得画面更加丰富。

很多陶瓷纹饰的象征意义与常用典故有关。很多装饰具有画谜性质，需要通过参考汉字才能解释其含义。一种语言，如果字多音少，就必然会有很多同音异义字，容易产生一语双关和文字游戏。举一个例子便可看出中国的工匠是如何运用汉字的这个特征的。一个瓷瓶上绘有翻飞在祥云中的红色蝙蝠，其纹饰可称为"洪福齐天"，意思是一个人的福气和天一样大。从中可以看出，人们所有的美好祝愿，如荣华富贵、功成名就、长命百岁、阖家幸福等等，都可以用这样的方式作为装饰绘制在碗或瓶上。这样的例子不胜枚举，但若有一本歇后语或典故词典，人们便能摸清此种纹饰的招数。

除去这些让人迷惑的纹饰，还有大量纹饰非常直观，这些纹饰在中国陶瓷装饰中占主导地位，对那些刚开始接触瓷器的人来说也很有趣。这些纹饰通常可归为一些耳熟能详的类别，如"八音""十二章纹""佛八宝""七宝""八暗仙""八吉祥"。还有一大批瓷瓶上的纹饰被称为"博古图"，通常出现在开光的图案中。此外，有许多混杂的纹饰，例如，阴阳和八卦、万字纹、"四艺"（琴、棋、书、画），一对象征长寿的蟠桃，毛笔、墨锭和一个如意杖三者组合（形成"必定如意"，寓意万事如意）。

图 149 "双桃和蝙蝠"纹

图 150 "必定如意"纹

"八音"包括古筝、镈、琵琶、笛子、编钟、鼓、芦笛、埙。

"十二章纹"包括日、月、群星、山川、龙、凤、一对祭坛瓶子（一个绘有老虎，另一个绘有猴子）、海藻、火、水稻、黼（象征"福"的斧头）、黻。

---

① 讨论较多的英国陶瓷上的柳树纹饰就来自于这些著名湖景之一，关于柳树纹饰的诗作故事完全是一种事后想象。——原注

"佛八宝",传说为佛祖鞋底的八种纹饰。

"七宝",也称为君王的随身宝物,包括轮宝、玉女宝、马宝、象宝、主藏宝、典兵宝、珠宝。

"八暗仙"[1]指八仙所持的八种武器,有汉钟离的团扇、吕洞宾的宝剑、铁拐李的葫芦、曹国舅的阴阳板、蓝采和的花篮、张果老的渔鼓、韩湘子的横笛、何仙姑的荷花。

"八吉祥"指寓意顺心顺意的珍珠、富裕的铜钱、菱镜、方胜、磬、书、犀角、祛病的艾叶。

需指出的是,这些类别中有些相互重叠。有些符号如珍珠、铜钱、磬作为纹饰相较于其他纹饰出现的频率更高。其中,"磬"与"情"同音,象征吉祥。这三样纹饰通常带有飘带和圆环,有时出现在瓷器底部做款识用。

万字纹,是最为人熟知的四边形纹饰,常被认为是长寿的象征,也就是汉字中"万"的意思。万字纹通常由四条相互弯曲缠绕的线条组成,加上代表"寿"的圆环,便有"万寿"的寓意。

要想对瓷器纹饰有个完整的认识,还需介绍一下辅助性纹饰。其中包括许多从锦段和织物上的纹饰演变而来的几何纹饰,以及工匠们在日积月累的探索中发现的、适合用于陶瓷器物某些部位装饰的纹饰。用于填充空白部分常见的几何纹饰有锦纹、菱纹、格纹、六角纹以及回纹。回纹又叫云雷纹,由古代青铜器上的纹饰演变而来,与万字纹的形状相仿,两者经常被混淆。蕉叶纹,由青铜器纹饰演变而来,通常见于瓷器颈部和底部位置。狭窄的边缘部分和分界处通常用回纹、蚕虫纹、藤蔓纹、连续的"Z"形纹或是"V"形纹修饰。带状锦纹通常用于装饰瓶肩部,锦文内嵌对称的开光,开光内绘有山水或花草纹饰。瓷瓶或碗近足部的常见纹饰是磐石纹,即圆锥形岩石突兀地立于一片波涛起伏的海浪中。水通常用螺旋状和鱼鳞状的纹饰表示,水面漂浮有盛放的梅花和其他有象征意义的纹饰。如意纹饰[2]经常用于瓷器辅助纹饰。狭窄的带状的如意纹饰适合用作边饰,大块垂饰也常使用如意纹。团云纹也是中国重要的纹饰之一,象征天空和云层,其中也包括如意纹,后者通常被称为如意团云纹或"祥云纹"。

松、竹、梅有时也做边角纹饰使用,在日本,这三种纹饰的用法更是多种多样。18世纪某些瓷器(如图66所示)使用红蝙蝠作为边饰。来源于宋代图画的葡萄藤和松鼠纹用于瓷瓶颈部装饰,偶尔也用于盘边装饰。出口欧洲的瓷器上还出现了其他种类的边饰,但大多数都是根据欧洲人的喜好绘制的。

---

① 一般称为"暗八仙"。——译者注
② 见本书第136页。——原注

第十五章　款识

　　清代瓷器的款识常印在瓷器底足，印章和落款有时也出现在纹饰部分，但后者通常不是陶工们的印章和落款，也不大可能是陶瓷彩绘工留下的。纹饰部分的印章一般是画家或是书法家的印章，他们的作品被复制到瓷器上。

　　款识是由工匠们绘制上去的，刻印款识较为少见。款识一般用楷体或篆体书写，位于两道同心的环或方框的中间。早期款识用釉下钴蓝绘制，18 世纪以来，珐琅彩和描金绘制的款识越来越常见。乾隆时期皇家玉玺款识为开光红字宝石绿背景。最精美的珐琅彩瓷器，如古月风格的瓷器，其款识用厚厚的蓝釉绘制，呈现出浮雕的效果。有这种款识的瓷器自成一类，值得特别关注。传统的款识和题字若是横着书写的则从右向左读，若是竖着书写的则从上往下读，竖排从右往左读。

　　款识有这几大类：纪年款、堂名款、工匠名和窑厂款、吉言款等。

　　纪年款，通常由皇帝年号的四字或六字组成。六字款识如大清康熙年制；四字的则将"大清"二字省略。极少数情况下才将年号省略，只剩下模糊的"大清年制"。大英博物馆中一件青花碗用的就是这种款识，装饰具有明代晚期风格，据此我们可以推断，清代早期，或者说清代第一个年号时期会使用这种款识，因为这样的装饰风格在当时显得合乎情理。最后这个"制"字可能也会用"造"字代替，为制造之意。

　　《陶录》中记载："康熙十六年，邑令张齐仲，阳城人，禁镇户瓷器书年号及圣贤字迹，以免破残。"[1]陶工不能在瓷器上落款这种禁令很快就失效了，然而，这也就解释了为什么康熙青花瓷上底部双环落款常为空白，或绘制的是其他年号款识，如明代皇帝的年号、吉言和纹饰符号。

　　值得一提的是，中国的年号并不总是名副其实的。不论是出于对过去杰出陶工的赞誉，或是对仿制年号瓷器的标识，还是习惯使然，清代陶工经常毫无顾虑地使用明代的年号款识。宣德、成化和嘉靖年号较康熙本身的年号更常见于康熙瓷器上。现代陶工也常常使用雍正和乾隆时期的款识。但要注意的是，次要年号款识一般是名副其实的，因为很少人会仿制。御窑厂中也设立了单独的部门，其职责是书写款识和印章，我们看到了御用瓷器上会出现卓越的书法字体。人们一般认为御用瓷器上面的年号是不会出错的，大多数确实是这样的，但有一些器物上康熙的款识与乾隆的款识如出一辙，难以分辨。

---

　　① 引自傅振伦著，孙彦整理《〈景德镇陶录〉详注》（北京书目文献出版社，1993 年），第 120页。——译者注

即使御用瓷器也很有可能精心仿制前朝的器物,包括瓷器的年号。

一些稀有的瓷器上的年款会有周期规律。中国传统的纪年按六十年一循环的周期规律演变,每一周期的年份都由两部分组成,即十天干和十二地支①。赫瑟林顿先生制作的表格②可以让读者更易于理解这个规律。

甲 chia	乙 i	丙 ping	丁 ting	戊 mou	己 chi	庚 kêng	辛 hsin	壬 jên	癸 kuei
子 tzŭ ¹	丑 ch'ou ²	寅 yin ³	卯 mao ⁴	辰 ch'ên ⁵	巳 ssŭ ⁶	午 wu ⁷	未 wei ⁸	申 shên ⁹	酉 yu ¹⁰
戌 hsü ¹¹	亥 hai ¹²	子 ¹³	丑 ¹⁴	寅 ¹⁵	卯 ¹⁶	辰 ¹⁷	巳 ¹⁸	午 ¹⁹	未 ²⁰
申 ²¹	酉 ²²	戌 ²³	亥 ²⁴	子 ²⁵	丑 ²⁶	寅 ²⁷	卯 ²⁸	辰 ²⁹	巳 ³⁰
午 ³¹	未 ³²	申 ³³	酉 ³⁴	戌 ³⁵	亥 ³⁶	子 ³⁷	丑 ³⁸	寅 ³⁹	卯 ⁴⁰
辰 ⁴¹	巳 ⁴²	午 ⁴³	未 ⁴⁴	申 ⁴⁵	酉 ⁴⁶	戌 ⁴⁷	亥 ⁴⁸	子 ⁴⁹	丑 ⁵⁰
寅 ⁵¹	卯 ⁵²	辰 ⁵³	巳 ⁵⁴	午 ⁵⁵	未 ⁵⁶	申 ⁵⁷	酉 ⁵⁸	戌 ⁵⁹	亥 ⁶⁰

图 151 天干地支表

"第一排汉字表示十个天干。天干中的字也会出现在纪年款识当中。第二排往后便是地支,到地支结束时便是一个循环"。不幸的是,循环的纪年有时又没有年号,我们便无法具体断代瓷器。在这样的情况下,我们只能从瓷器本身来判断了。比较典型的一个例子是,大英博物馆内藏有一只珍贵的粉彩瓷碗,该瓷碗上面留有"又辛丑年制"的款识。天干"辛"在表格中第一排第八列,往下四行便是地支"丑",这样可以推算出辛丑年是六十年循环中的第 38 年。

干支纪年法是中国传统的纪年历法。清代有五个甲子年,分别是 1624 年、1684 年、1744 年、1804 年和 1864 年。辛丑年有四个,分别是 1661 年、1721 年、1781 年和 1841 年。

堂名款之所以被称为堂名款,是因为款识中包含了"堂""府""亭""轩""院""房""居"等字样。"堂名"或"家族名"通常与家族的历史相关,刻在堂屋里、坟墓上和传记里。而且,中国艺术家们几乎都有自己的作坊和艺名,因此"堂"字或其他意思相近的字常常出现在款识当中。

很显然,人们对堂名款有各种解释,可以是陶工的作坊名字、器物使用者宗族堂名、

---

① 天干和地支列表、术语解释以及循环日期列表见梅辉立(W. F. Mayers)著《中国辞汇》(*The Chinese Readers' Manual*)。——原注

② 见 A. L. 赫瑟林顿所著《中国早期陶瓷器物》(*The Early Ceramic Wares of China*)第 145 页。——原注

放置器物的建筑名,如寺庙或殿堂的名称、定购器物的店铺名称、制作器物或彩绘器物的作坊名。伯希和(Pelliot)教授提出,若款识以"制"字结尾,其只能解释为"由某某制作"。如果接受这一观点的话,堂名款的问题就大大简化了,因为这就意味着可以将许多"堂名款",包括许多宫廷中的堂名款和作坊堂名款,归结为作坊名了。也许质疑伯希和教授的这一观点显得有些冒昧,因为我们发现有其他的汉学家不同意他的观点,受过教育的中国人也持不同意见,而伯希和教授自己也未能很好地证明自己观点的正确性,我们有理由怀疑是否能够应用这一规律来正确解释堂名款。我从一位中国绅士以及他的同胞们那儿确认,他们都赞成堂名款既可以解释为"由……所制",也可以作"为……所制"解释。

清代瓷器有多种堂名款,19 世纪早期尤其多。其中很有意思的、被引用得最多的一个堂名款是"慎德堂"。贺壁理收藏中有一件器物上就有此款识,其上还题有一首道光皇帝作的诗作为装饰。若该款识是陶工的作坊名称,那么带有"慎德堂"款识的器物就应当是道光(1821—1850)之后制作的,反之,若是宫廷堂名款,那么给这件器物断代就容易得多。慎德堂的瓷器款式与 19 世纪的陶瓷款式普遍一致,尽管慎德堂的瓷器中也包括高仿的明代瓷器①。

除堂名款之外,陶工的名字很少出现在瓷器上,在皇室使用的瓷器上更难一见。景德镇当时非常流行精确地分工制作瓷器,因此出产的瓷器大多都很优质。瓷器经过这么多道工序,制作者不止一个,那也就不可能将每一位陶工的名字写上去了。还有一类较为模糊的款识,叫作"商铺名款",但这类款识常难以辨认,对我们断代没有太多帮助,我们甚至有理由将这种款识当作陶工个人的款识。

还有一个让人迷惑的款识,看上去像英语字母"G",出现在康熙时期优质的青花瓷器和珐琅瓷器上(如图 53 所示)。据说这种款识是按欧洲商人要求做的,用来标记自己定制的瓷器。

18 世纪早期的瓷坯上发现印有"江鸣皋"和"陈国治"的名字。德化白瓷上也不时会出现陶工的名字。从这些例子可以看出,瓷器的制作到最后是由单独一人完成的。宜兴和佛山地区的陶器和炻器上也常出现陶工的名字。

吉言款比较常见,是一些祝福语、描绘瓷器的诗句,或是献给瓷器所有者的祝词。祝词有时太长了也会被作为装饰纹饰刻绘在瓷器上。

一些汉字可以传达美好的祝愿,如"寿"代表长寿、"福"代表幸福、"吉"代表运气、"庆"代表昌盛。款识中也会使用一些具有代表性的事物,如桃子或灵芝代表长寿,蝙蝠

---

① 见 R. L. 霍布森所著《明代陶瓷器物》(*Wares of the Ming Dynasty*)第 223 页,另见 R. L. 霍布森编著《大英博物馆所藏远东陶瓷导览》(*A Guide to the Pottery and Porcelain of the Far East in the British Museum*)图 154。在后一本书中(第 159 页),我在讨论"慎德堂"款识时接受了伯希和教授的观点,现在看来有些草率。——原注

代表幸福等等。一些物的特性也可以代表祝福,如玉石。

　　"寿"字有多种印章的款识,许多看起来非常精致。有一件瓷器上绘制了上百种"寿"字的不同款式,叫作"万寿图"。其中一个圆环里的"寿"字与万字纹相互缠绕,蜿蜒曲折。这样的纹饰被称为万寿纹,寓意"万寿无疆"。一件康熙时期出口的青花瓷器上面有大量的"寿"纹,其款识被称为"蜘蛛款"。康熙时期的青花瓷款识上很少出现符号或图案款识,较常出现的图案是"八宝"和"八吉祥"。然而,我们也常看见菱形当中有万字纹的图案,还有象征"福"的如意图案,以及三角鼎、灵芝、梅枝、无枝艾叶等图案。狮子,有时是龙,会被绘制在鼻烟壶或是其他小型花瓶的底部用作款识。

　　具体款识图案如下所示:

一、朝代款识

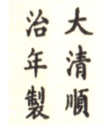

顺治(1644—1661)　　顺治印章　　康熙(1662—1722)　　康熙印章

雍正(1723—1735)　　雍正印章　　乾隆(1736—1795)　　乾隆印章

嘉庆(1796—1820)　　嘉庆印章　　道光(1821—1850)　　道光印章

咸丰（1851—1861）

咸丰印章

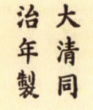

同治（1862—1874）

同治印章

光绪（1875—1908）

光绪印章

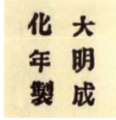

宣统（1909—1912）

经常出现在清代瓷器上的明代皇帝款识有以下几种：

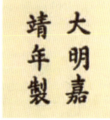

宣德（1426—1435）

成化（1465—1487）

嘉靖（1522—1566）

二、堂名款

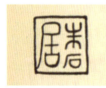

朱氏居

幽斋

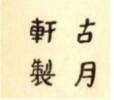

古月轩制

菉漪堂

慎德堂制

彩润堂制

敬畏堂制

大雅斋

三、陶工的名字款

江鸣皋造

陈国治造

玉峰杨琳

岭南绘者（白石）

王佐廷作

王炳荣作

不详

××氏

玉风

来观

何朝宗印

葛明祥制

葛源祥制

宜兴紫砂

G

四、吉言款等

奇玉宝鼎之珍

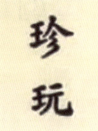

珍玩

玉

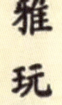

雅玩

全

吉

福

禄

寿

寿形蜘蛛款

三角鼎

盘长

灵芝

如意权杖头

敝

参 考 文 献①

［1］BURTON W. Porcelain：a sketch of its nature，art and manufacture［M］. London：［s. n.］,1906.

［2］BURTON W,HOBSON R L. Marks on pottery and porcelain［M］. London：Hard Press Publishing,1912.

［3］BUSHELL S W. Description of Chinese pottery and porcelain，being a translation of the T'ao Shuo［M］. Oxford：Clarendon Press,1910.

［4］BUSHELL S W. Oriental ceramic art［M］. New York：Random House,Inc. ,1899.

［5］BUSHELL S W. Chinese art：vol. II ［M］. London：Victoria and Albert Museum,1906.

［6］COLLIE N. A monograph on the copper-red glazes［J］. Transactions of the Oriental Ceramic Society,1921－1922：22.

［7］FRANKS A W. Catalogue of a collection of oriental pottery and porcelain［M］. London：George E. Eyre & William Spottiswoode,1879.

［8］GRANDIDIER E. La céramique chinoise［M］. Paris：［s. n.］,1894.

［9］HIPPISLEY A E. Catalogue of the Hippisley Collection of Chinese porcelain［M］. Washington,D. C.：［s. n.］,1906.

［10］HOBSON R L. Chinese pottery and porcelain：vol. II［M］. London：Cassell and Company,limited,1915.

［11］HOBSON R L. Wares of the Ming dynasty［M］. London：Benn Brothers,Ltd. ,1923.

［12］HOBSON R L. British Museum：a guide to the pottery and porcelain of the Far East ［M］. London：［s. n.］,1924.

［13］JACQUEMART ET LE BLANT. Histoire de la porcelaine［M］. Paris：J Techener libraire,1862.

［14］JULIEN S. Histoire et fabrication de la porcelaine chinoise［M］. Paris：［s. n.］,1856.

［15］LI Ungbing. Outlines of Chinese history［M］. Shanghai：The Commercial Press,

① 本书为方便读者查阅,所录参考文献为原英文版图书参考文献。——译者注

1914.

　　[16]MAYERS W F. Chinese readers' manual[M]. Shanghai：Presbyterian Mission Press，1924.

　　[17]PELLIOT P. Notes sur l'histoire de la Céramique Chinoise[J]. T'oung Pao，Vol. XXII，1923.

　　[18]VOGT M G. Rescherches sur les Porcelaines Chinoises[J]. Bulletin de la Société d'encouragement pour l'industrie nationale，1900.

　　[19]WILLIAMS S W. The Chinese commercial guide[M]. Hongkong：[s. n.]，1863.

　　[20]ZIMMERMANN E. Chinesisches porzellan[M]. Leipzig：Klinkhardt，1923.

附录

附录1 原著图版和本书图例序号对照表

图版	图例	图版	图例	图版	图例
1	1	27	8	53	77/78/141
2	2	28	4/5/3	54	85/86/87/30
3	23/41	29	6/7/134	55	90/91
4	19/20	30	139	56	92/93/94
5	27/17/28	31	10/9/无	57	97/98
6	36/24	32	11/12/13/14	58	102/103
7	35	33	29/18	59	106/107/108
8	38/39/40	34	140/21	60	111/112/113
9	37	35	22/31	61	117
10	25/无/26	36	32/33	62	99/100/101
11	16	37	无	63	116/66
12	56	38	无	64	无
13	46	39	34	65	无
14/14A	57	40	48	66	109/110
15	47	41	50	67	121/122
16	43/44/45	42	51/52	68	123/124
17	42	43	53/54/55	69	125/126/127/128/129/130/131/132/133
18	58/59/58	44	无	70	120/96/无
19	60/61/60	45	49	71	144/145
20	74/75/76	46	62/63/62	72	89/146/15/147
21	80	47	64/65	73	118/119/142/143
22	82/83	48	88/67	74	104/105/无/无
23	84/81	49	68/69/135	75	无
24	79	50	70/71	76	136/137/138
25	95	51	72/73/148		
26	114/115	52	无		

注:本书图例按图版中图版1、图版2、图版3等依序排列,"/无""无"表明本书未收录该图版中对应的图例或无该图版的所有图例。

附录 2　图目录

图 32 方形笔筒,四面镂空,带有"文章山斗"四字,康熙素胎彩,沃尔特·利维夫人阁下收藏

图 33 镂空灯笼,锦花和菱形图案设计,康熙素胎彩,G.尤摩弗帕勒斯先生收藏

图 34 一对方形棒槌造型花瓶,康熙时期瓷器,J.C.J.德鲁克先生收藏

图 35 方形棒槌瓶,康熙时期瓷器,伦纳德·高先生收藏

图 36 盖瓶(一对中的一只),康熙时期瓷器,伦纳德·高先生收藏

图 37 带盖大瓷缸,康熙黄地彩,伦纳德·高先生收藏

图 38 六角盖瓶(一对中的一只),康熙素胎彩瓷,伦纳德·高先生收藏

图 39 柱形瓶,康熙素胎彩瓷,伦纳德·高先生收藏

图 40 兽头双耳瓶,康熙素胎彩瓷,伦纳德·高先生收藏

图 41 黄地飞鹤荷叶碗,康熙素胎珐琅彩,伦纳德·高先生收藏

图 42 釉上五彩瓷碗,康熙时期瓷器,伦纳德·高先生收藏

图 43 方形棒槌瓶,康熙釉上五彩瓷,伦纳德·高先生收藏

图 44 卷轴瓶,康熙釉上五彩瓷,伦纳德·高先生收藏

图 45 方形棒槌瓶,装饰以琴棋书画的场景,康熙釉上五彩瓷,伦纳德·高先生收藏

图 46 一对妍妍瓶,康熙时期瓷器,伦纳德·高先生收藏

图 47 荷花节釉上五彩盘,康熙款,伦纳德·高先生收藏

图 48 花瓶,卵形修长瓶身,细颈,康熙时期器物,安东尼·罗斯柴尔德先生收藏

图 49 棒槌瓶,五彩装饰,康熙时期器物,雷金纳德·科里先生收藏

图 50 康熙五彩盘,绘仕女及稚子的家庭场景,加斯帕德·法勒先生收藏

图 51 五彩壶,康熙时期瓷器,R.T.伍德曼先生收藏

图 52 四叶式花盆,康熙时期瓷器,沃尔特·利维夫人阁下收藏

图 53 五彩瓷瓶,康熙时期瓷器,加斯帕德·法勒先生收藏

图 54 瓷杯,仿欧洲玻璃器器型,康熙时期瓷器,W.J.霍尔特先生收藏

图 55 瓷盘,五彩装饰,康熙时期瓷器,W.J.霍尔特先生收藏

图 56 花卉锦地釉上五彩棒槌瓶(一对中的一只),康熙时期瓷器,R.T.伍德曼先生收藏

图 57 一对釉上五彩带盖瓷缸,康熙时期瓷器,伦纳德·高先生收藏

图 58 两只带盖深碗,康熙釉上五彩,伦纳德·高先生收藏

图 59 宫廷装饰花瓶,康熙釉上五彩,伦纳德·高先生收藏

图 60 一对花瓶,康熙釉上五彩,伦纳德·高先生收藏

图 61 扁圆卵形盖罐,康熙釉上五彩,伦纳德·高先生收藏

图 62 一对瓷灯笼,康熙时期瓷器,安东尼·罗斯柴尔德先生收藏

图 63　祝寿盘,五彩装饰,康熙青花款识,雷金纳德·科里先生收藏

图 64　扁壶,带一对古龙把手,康熙晚期瓷器,沃尔特·利维夫人阁下收藏

图 65　祝寿盘,五彩装饰,康熙青花款识,A. T. 沃尔上尉收藏

图 66　浅盘,乾隆年间印章款识,哈维·哈登先生收藏

图 67　瓷盘,五彩装饰,康熙青花款识,哈维·哈登先生收藏

图 68　精致的白瓷瓶,康熙时期瓷器,乔舒亚夫人收藏

图 69　六角瓶,乾隆时期瓷器,哈维·哈登先生收藏

图 70　花瓶,青绿釉瓷器,嘉庆青花款识,哈维·哈登先生收藏

图 71　精致的白瓷瓶,成化青花款识,哈维·哈登先生收藏

图 72　瓷瓶,薄胎白瓷,乾隆时期瓷器,P. 大卫先生收藏

图 73　方瓶,仿青铜器形,乾隆时期瓷器,查尔斯·拉塞尔先生收藏

图 74　棒槌瓶,带有大小开光,康熙粉青五彩瓷,伦纳德·高先生收藏

图 75　开光盖罐,康熙粉青五彩瓷,伦纳德·高先生收藏

图 76　棒槌瓶,带有大片开光,康熙粉青五彩瓷,伦纳德·高先生收藏

图 77　葫芦壶,康熙时期瓷器,W. H. 费兰德先生收藏

图 78　花觚(一对中的一只),康熙时期瓷器,亨利·法勒先生收藏

图 79　透棕乌金釉瓶型花瓶,康熙时期瓷器,C. P. 爱伦少校阁下收藏

图 80　郎窑红釉花瓶,康熙时期器物,F. N. 席勒先生收藏

图 81　浅碗形笔洗,康熙时期器物,哈维·哈登先生收藏

图 82　细小开片吉翠釉花瓶,康熙时期器物,A. L. 赫瑟林顿先生收藏

图 83　五爪龙纹吉翠绿釉碗,康熙款识,A. T. 沃尔上尉收藏

图 84　苹果绿釉花瓶,18 世纪早期器物,哈维·哈登先生收藏

图 85　魁星瓷像,康熙时期瓷器,W. J. 霍尔特先生收藏

图 86　香炉,形似野兽,康熙时期瓷器,安东尼·罗斯柴尔德先生收藏

图 87　钟离权的瓷像,康熙时期瓷器,安东尼·罗斯柴尔德先生收藏

图 88　水注,形如玉兰杯,康熙时期瓷器,A. T. 沃尔上尉收藏

图 89　鸭子和莲叶造型水注,康熙时期瓷器,A. T. 沃尔上尉收藏

图 90　盖碗,雍正款识,大英博物馆藏(弗兰克斯藏品)

图 91　雍正款识,康熙时期器物,大英博物馆藏(弗兰克斯藏品)

图 92　薄胎瓷盘,广彩瓷器,有七层边饰,雍正时期器物,A. T. 沃尔上尉收藏

图 93　薄胎瓷盘,广彩瓷器,雍正时期器物,A. T. 沃尔上尉收藏

图 94　瓷碟,广东彩绘,雍正款识,查尔斯·拉塞尔先生收藏

图 95　粉彩盖罐(一套五只中的一只),雍正时期器物,J. B. 乔尔先生收藏

图 96　坦克杯,1720 年至 1733 年间制,大英博物馆藏(弗兰克斯藏品)

图 97　瓷碟,粉彩装饰,雍正款识,查尔斯·拉塞尔先生收藏

图 98　瓷碗,乾隆年间印章款识,雷金纳德·科里先生收藏

图 99　锥形酒杯,成化款识,18 世纪早期器物,查尔斯·拉塞尔先生收藏

图 100　瓷杯,乾隆时期器物,查尔斯·拉塞尔先生收藏

图 101　水盂,玻璃质地薄胎瓷,雷金纳德·科里先生收藏

图 102　瓷碟,雍正时期器物,雷金纳德·科里先生收藏

图 103　瓷碗,雍正款识,雷金纳德·科里先生收藏

图 104　小型香炉,金色乾隆款,大英博物馆藏(弗兰克斯藏品)

图 105　印章盒,乾隆时期器物,大英博物馆藏(弗兰克斯藏品)

图 106　瓷瓶,乾隆时期器物,M. D. 伊齐基尔先生收藏

图 107　瓷瓶,黑地饰缠枝花卉图案,乾隆时期器物,乔舒亚夫人收藏

图 108　瓷碗,刻花装饰,雍正青花款识,A. T. 沃尔上尉收藏

图 109　葫芦形瓶,乾隆时期器物,M. D. 伊齐基尔先生收藏

图 110　花瓶,珊瑚红地开光粉彩装饰,大约 1800 年器物,G. 尤摩弗帕勒斯先生收藏

图 111　上部扁平卵形瓶,刻乾隆款识,A. T. 沃尔上尉收藏

图 112　瓷瓶,乾隆年间红色印章款识,M. D. 伊齐基尔先生收藏

图 113　八边形笔筒,粉彩装饰,乾隆款识,雷金纳德·科里先生收藏

图 114　蒜头花瓶,古月风格,淡紫色彩绘乾隆款识,P. 大卫先生收藏

图 115　锥形碗,古月风格,A. T. 沃尔上尉收藏

图 116　茶壶,蓝彩乾隆年间款识,查尔斯·拉塞尔先生收藏

图 117　橘皮釉花瓶,乾隆时期器物,雷金纳德·科里先生收藏

图 118　方形笔筒,四角处有凹槽,孔雀绿地乾隆款,雷金纳德·科里先生收藏

图 119　笔筒,白色滑石瓷器,乾隆时期器物,A. T. 沃尔上尉收藏

图 120　扁平卵形瓷瓶,乾隆时期器物,O. M. 多尔顿先生收藏

图 121　瓷盘,刻有龙纹和花边,19 世纪早期器物,乔舒亚夫人收藏

图 122　碗,使用细腻的五彩装饰道士和徽章纹样,19 世纪早期器物,雷金纳德·科里先生收藏

图 123　花瓶,不透明珐琅装饰,道光时期器物,大英博物馆藏(弗兰克斯藏品)

图 124　"开光碗",内壁青花装饰,外壁粉彩装饰,道光年间款识,大英博物馆藏(弗兰克斯藏品)

图 125　葫芦状鼻烟壶,红色乾隆款识,O.C.拉斐尔先生收藏

图 126　花瓶状鼻烟壶,道光款识,O. C. 拉斐尔先生收藏

图 127　幼狮状鼻烟壶,乾隆时期器物,O.C.拉斐尔先生收藏

图 128　佛手瓜状鼻烟壶,O.C.拉斐尔先生收藏

图 129　人像鼻烟壶,乾隆时期器物,O.C.拉斐尔先生收藏

图 130　双颈鼻烟壶,O.C.拉斐尔先生收藏

图 131　鼻烟壶,滑石白瓷,O.C.拉斐尔先生收藏

图 132　花瓶状鼻烟壶,乾隆款识,O.C.拉斐尔先生收藏

图 133　鼻烟壶,精致白瓷,嘉庆款识,O.C.拉斐尔先生收藏

图 134　绘有欧洲男女演奏乐器的瓷盘,康熙青花,曼彻斯特城市美术馆藏（莱斯特·科利尔藏品）

图 135　笔洗,形如荷叶,康熙时期器物,A.T.沃尔上尉收藏

图 136　鱼形香炉,炻器,18 世纪器物,大英博物馆藏（弗兰克斯藏品）

图 137　茶壶,深红色宜兴炻器,乾隆时期器物,W.W.温克沃斯先生收藏

图 138　水器,一只桃状杯子旁边附连一只桃子,大英博物馆藏（弗兰克斯藏品）

图 139　观音瓶,康熙时期器物,查尔斯·拉塞尔先生收藏

图 140　祭祀用杯,康熙素胎珐琅彩,沃尔特·利维夫人阁下收藏

图 141　蟋蟀笼,康熙时期瓷器,亨利·赫希先生收藏

图 142　笔搁,形似一只松鼠俯趴在镂空栗色大树枝上,1800 年左右的器物,大英博物馆藏（弗兰克斯藏品）

图 143　笔搁,形似笏板,乾隆时期器物,大英博物馆藏（弗兰克斯藏品）

图 144　一对研墨屏风,康熙时期器物,沃尔特·利维夫人阁下收藏

图 145　画卷架,釉下彩装饰,康熙时期器物,G.尤摩弗帕勒斯先生收藏

图 146　水盂,黄色釉下雕刻古龙和卷纹,康熙蓝色底款,A.T.沃尔上尉收藏

图 147　蜂窝造型太白尊,乾隆时期器物,P.大卫先生收藏

图 148　瓷碗,器型是五只蝙蝠羽翼伸展、相互重叠的形状,乾隆时期瓷器,P.大卫先生收藏

附录 3　未出现在本书正文中的原著图版

图版 37　康熙素胎彩瓷

图版 37(上)　坐于茄紫色岩石上的男士瓷像,手持大烟管,彩绘黑色和其他颜色,高 6.875 英寸,
亨利·赫希先生收藏

图版 37(下)　房船形纸镇,高 3.5 英寸,沃尔特·利维夫人阁下收藏

图版 38

茶杯和碟,茶杯外侧墨地,蓝色灵芝款识,碟直径 5.5 英寸,沃尔特·利维夫人阁下收藏

图版 44　康熙时期外销瓷

图版 44(上左)　七巧壶,仿欧洲器型,五彩装饰,高度 10 英寸,A. T. 沃尔上尉收藏

图版 44(上右)　坦克杯,欧洲风格,镶欧洲金属附件,开光五彩装饰,开光内饰花卉植物等纹样,边饰为锦纹,高 6.375 英寸,安东尼·罗斯柴尔德先生收藏

图版 44(下)　瓷盘,扇口,五彩装饰,绘麒麟、凤凰图样,边饰内有开光,开光内饰鸟、花、鹿、怪兽图样,款识为一朵花,直径 10.75 英寸,大英博物馆藏(弗兰克斯藏品)

图版 52

瓷瓶，奶白瓷器，施橘皮釉，饰浅浮雕缠枝菊纹，乾隆时期器物，高 14 英寸，A. T. 沃尔上尉收藏

图版 64

瓷瓶,百花地粉彩装饰,开光内绘风景图,乾隆时期器物,高 26 英寸,雷金纳德·科里先生收藏

图版 65

瓷瓶，混合珐琅彩绘开花桃树纹样，乾隆年间印章款识，高 20.25 英寸，雷金纳德·科里先生收藏

译 后 记

　　《清代陶瓷器物》是查尔斯·斯克里布耐尔兄弟出版社 1922—1925 年出版的"中国陶瓷艺术系列丛书"（共三本）的收官之作，主要讲述康熙、雍正和乾隆及清代其他时期的青花、五彩、粉彩、单色釉等陶瓷器物。该书不但以西方收藏家的视角对清代陶瓷器物进行了系统的梳理，还提供了大量公众很难见到的西方私人优质藏品图片例证，极具文献价值。

　　在翻译本书的过程中，我们坚持"归异平衡"①原则，努力做到既忠实于原文又尽可能地顺应译文读者的阅读习惯。这样做的目的是让译文读者了解西方中国陶瓷话语现状和接受习惯，从而为新时代构建中国陶瓷对外话语体系和外译融通机制提供借鉴。具体体现在以下几个方面：

　　一是尽量直译在西方流传甚广的中国陶瓷术语。例如，将"robin's egg glaze"译为"知更鸟蛋釉"，中国陶瓷文化中称之为"炉均釉"；还有一些在西方流行而在中国知之甚少的术语，例如，原著频繁使用"ruby back porcelain/dish"指称带有宝石红或胭脂红边或口沿的盘碟等陶瓷器物，我们将其翻译为"红边瓷/盘"等。

　　二是为了便于译文读者理解，我们在译文中添加了必要的脚注。主要包括原著中提到的部分中外学者的生平概要（如丁皋、贺璧理、南怀仁、皮埃尔·古提埃尔等）和对原著信息的勘误说明（如原著图版信息勘误、有关法国领事 M. Scherzer 和清代画家丁皋信息的勘误等）。

　　三是原著中引用了大量的中国古籍，我们翻译时一般直接引用中国古籍原文或参照中国古籍相关内容进行回译。

　　四是原著中人名、地名除了音译之外，在首次出现时用括号标出英文原文以方便译文读者比对。

　　五是原著图版集中放在书末，为了便于译文读者参照，我们将图版的器物图片拆分为图例，插入到文中相应位置，并制作《原著图版和本书图例序号对照表》作为附录供读者比对；同时，为了展现原著全貌，我们将未出现在译著正文中的原著图版列入附录中。

　　六是将原著的参考文献和图目录按照现代编辑习惯分别调整为正文后和附录中。

译者

2023 年 10 月

---

① 朱振武.归异平衡：英语世界汉学家的中国故事书写［M］.上海：上海交通大学出版社，2023.